2+20

私募股权为什么能长期战胜市场

[英] 萨钦·卡朱利亚（Sachin Khajuria）—— 著
侯伟鹏 —— 译

TWO AND TWENTY

中信出版集团 | 北京

图书在版编目（CIP）数据

2+20：私募股权为什么能长期战胜市场 /（英）萨钦·卡朱利亚著；侯伟鹏译．—北京：中信出版社，2025. 2. —ISBN 978-7-5217-7073-5

Ⅰ.F830.59-49

中国国家版本馆 CIP 数据核字第 2024RF4041 号

2+20：私募股权为什么能长期战胜市场
著者：　［英］萨钦·卡朱利亚（Sachin Khajuria）
译者：　侯伟鹏
出版发行：中信出版集团股份有限公司
（北京市朝阳区东三环北路 27 号嘉铭中心　邮编　100020）
承印者：　北京通州皇家印刷厂

开本：787mm×1092mm　1/16　　印张：19　　字数：210 千字
版次：2025 年 2 月第 1 版　　印次：2025 年 2 月第 1 次印刷
京权图字：01-2024-4663　　书号：ISBN 978-7-5217-7073-5
定价：79.00 元

献给我的父亲——一位竞技场上的勇者

重要的从不是那些在一旁指手画脚的人，不是那些对别人的失败评头论足的人，更不是那些指责别人如何可以做得更好的人。荣耀属于那些真正站在竞技场里打拼的人：他们满面灰尘，浸透着汗渍和血迹；他们英勇无畏；他们一遍又一遍地犯错跌倒，因为这路上一定伴随着打击，即便如此他们依然奋力向前；他们理解何为执着和专注；他们献身于崇高的事业；在最好的情况下，他们最终品尝了伟大的胜利和成就；在最坏的情况下，即使他们失败了，至少他们也是伟大地倒下，因为那些自始至终从不知道胜利或者失败的、冷漠和胆怯的灵魂远远不能与他们相提并论。

——西奥多·罗斯福

《一个共和国的公民》

中文版序

未来一百年间，私募股权将成为中国经济长期繁荣发展的重要推动力量。如今，无论是从有限投资合伙人的角度，还是从投资客户的角度来看，中国都已经是全球私募股权投资市场上的重量级投资人，同时，中国国内的私募股权机构也已经发展壮大。但这一切仅仅是个开始。充分发掘私募股权投资市场的重要作用，推动经济发展，提高客户的长期投资业绩，中国有机会在全球舞台上承担起私募股权投资引领者的角色。

在公开市场上，程序化的自动交易就完全能够跟踪市场动向并做出投资决策，而私募股权投资与此不同，这个领域涉及人的判断，要想取得成功，投资专家的判断才是最核心的决定因素。面对高达数万亿规模的私募投资市场，写作本书的目的，就是为了揭开隐晦的面纱，专注于获取成功的核心理念，透彻分析如何才能在这个市场上取得成功。对那些与私募股权投资关系密切的政策制定者、企业管理者、各类市场机构来说，无论是具体涉及信贷投资、基础设施投资还是房地产投资，相信本书的这些分析都会让他们获益匪浅。

让我们先列举一些铁一般的事实。

第一，私募股权投资属于市场主流，而绝非另类。市场大势浩浩汤汤，不会逆转。过去有段时间，未来退休人员的养老基金，主要投资于股票市场、债券市场，以此维持着养老金体系的正常运转，但这一切都已经是过眼云烟。如今，私募股权投资已经是人们财务规划的重要组成部分，个人投资者、机构投资者把越来越多的资金委托过来，私募股权产品逐渐取代公开市场的投资产品，以此改善并维系投资者资产负债表的平衡，这种替代的趋势还将持续下去。

第二，本书所分析的是高度活跃而主动的资产管理，而不是被动投资行为。这种主动管理，需要投资专家与其客户达成默契，私募基金管理人需要像资金的所有者一样行事，而绝不能单纯把自己定位为投资顾问的角色。他们极度渴望创造不菲的投资回报。相比于简单的公开市场投资，他们的投资目标是，针对承担的每一份投资风险，力图获取最高的超额投资回报。这就是这些私募基金管理人的收入来源，也是他们安身立命的价值所在。如果没法取得投资收益，那么他们自己就只能喝西北风。

第三，认清所谓的“边际收益”或者可持续的投资回报到底是怎么回事，这一点至关重要。要做到这些，需要同时具备先进的投资理念、鲜明的投资特征和坚定的投资原则，这些素质综合起来，可不是能够被其他人所轻易复制或模仿的。“真正优秀的投资业绩”需要投资专家独立深入的专业判断，需要其在面对盘根错节的复杂问题时，能够厘清局面并从中创造价值，也需要其充分借助私募股权投资“智库”的强大助力，不断开拓创新、引领市场。

只要能够确保投资方向和理念不出大的偏差，中国就可以从私募股权投资当中获取丰厚的回报。中国完全有潜力成为私募股权市场的重量级玩家，这种市场影响力将能够匹配其在制造业和外交领域的国际地位。

要想播撒下未来长期成功的希望之种，最好的时机就在当下。

前言

每年管理费收取 2%，投资利润分成 20%。既然让私募股权投资公司负责投资运作，它们就要收取相应的费用。因为接受了委托，承担了资金管理职责，这些公司就要收取一定的管理费，投资获利之后，它们还要从中分成。纵观整个私募股权行业，尽管各家公司形态各异，基金产品不断创新，但这个“2 + 20”的收费模式始终是核心原则，也是行业运行的根基所在。在这种激励制度之下，交易员创造的财富喷涌而出，乐于贡献资金的投资者和负责专业投资的管理人接连涌现，大家各取所需、各得其所。简而言之，投资者赚得越多，管理人拿的就越多。他们完全实现了双赢。

时至今日，如果把林林总总的私人资本（private capital）都统计进来，那么私募股权（private equity）行业已经是一个 12 万亿美元的庞然大物。① 在 21 世纪的第二个 10 年间，它的规模已

① 在本书中，我使用简单的统一术语“私人资本”，来指代私募股权以及众多私募股权投资公司管理的另类资产投资策略，具体包括信贷、房地产、自然资源、基础设施和成长股权等。本书所阐述的投资原则，适用于所有的资产配置策略，其中最广为人知的当数私募股权投资。

经翻了一番，把眼光放长远一些，到第三个 10 年结束的时候，其规模可能远超 20 万亿美元。从本质上来说，私募股权投资所做的，就是面向一家问题重重或者急需资金成长壮大的实体企业（也可能是商业计划），果断投入资金，持续改善经营，最终从容获利离场。这项工作听起来并不困难，但是作为私募股权投资的精英，必须把自己定位于卓越的企业管理者，能够穿透重重迷雾，深入了解目标企业本身的运营逻辑，而绝不能浮于表面，简单计算这笔投资是亏还是赚。此外，私募股权的投资规模，通常都要达到取得投资对象控制权的程度，因此其要以兢兢业业的股东自居，而绝不能仅仅把自己看作甩手掌柜般的财务投资者。一分耕耘，一分收获，只有在这种投资理念的指引下，才能创造出非凡的投资业绩。

当前，私募股权的触角已经延伸至全球经济的各个角落，涉及化学、能源电力、银行保险、消费零售、航空航天、工业制造、网络通信、休闲娱乐、医疗制药、信息科技等领域。它还涉足了我们觉得华尔街投资者根本不会参与的一些细分行业，包括学校、食品储藏公司、约会软件、家族谱系溯源、军事情报技术等。这些投资行为的资金来源可谓多种多样，包括一次性募集资金并按照合同约定抽取费用的传统私募基金，公开市场的资金募集也比较常见，没有固定到期期限的所谓“永续”资本也正在蓬勃兴起，此外，养老基金投资者和其他投资者或者私募股权投资公司自身发起的一次性特殊目的投资机构也十分活跃。现有的私募股权公司已经有成百上千家之多，而更多的新公司正如雨后春笋般接连出现。新公司每隔一两年就会被优化一轮，而数十家大公司始终屹立在行业之巅，其中像黑石集团及其竞争对手凯雷集团和 KKR 等行业巨头已经成功上市。面对如此广阔的私募股权市场，投资者很容易感到眼花缭乱。

黑石集团通过各种投资策略管理的资产规模超过 8 750 亿美元。还有几家公司表示，预计未来数年间，其管理的资产规模有望超过 1 万亿美元。汇总来看，规模最大的几家上市私募股权公司管理的资产已经超过 2.5 万亿美元。尽管这个规模看起来已经十分庞大，但由于杠杆效应的存在，这种统计依然低估了每家公司真正的投资能力。以私募股权基金为基础，这些公司可以撬动更多的贷款资金用于投资运作，这就是杠杆效应。我们把没有动用的私募股权基金称为“备用金”（dry powder），以这部分资金为基础可以进行举债操作，从而扩大可运用资金的规模。以一只规模较小的基金为例，共有 10 亿美元，再加上 30 亿美元的贷款资金，其投资能力就达到了 40 亿美元。现在，不要把目光局限在私募股权本身，拓宽你的视野，把私募股权公司管理的各类私人资本都囊括在内，这些基础投资都可以撬动贷款，这样一来，可用于投资运作的资金将轻易突破数万亿美元。

如果把目光进一步延伸到我们的下一代，到那个时候，整个私募股权行业管理的资金规模将会超过数十万亿美元。这是一个规模巨大、前景广阔的行业，其触角几乎涉及社会的方方面面，但普罗大众却对此一无所知，或者很难讲清这个行业的运作逻辑。想想看：当谈及私人资本的时候，我们通常指的是属于未来退休人员的养老基金。我们所讨论的是无数个体，在养老基金投资经理的帮助之下，人们希望能够获得足够的投资回报，以便实现老有所依，但从另一个角度来说，对这个行业的运作，人们可能根本没有什么概念。我们现在分析的内容，具体所涉及的对象，正是成百上千万的普罗大众，比如说教师、消防员和世界各地的其他退休人员等。

私募股权行业的崛起已经显而易见，却常常被人忽视。与亚马逊、特斯拉或者苹果公司等大型科技公司的高管造星不同，私募股权行业不会塑造那些吸引大众关注的投资明星。但是它的行业影响力却十分惊人。投资者把资金投入私募股权当中，以期获得更加丰厚、更为稳定的持续回报，这在其他领域是很难想象的。同时私募股权公司也会创造各类投资策略，比如说信贷投资、房地产投资、基础设施投资等，投资者也会相应地把资金投入这些领域。对另类投资来说，这些大型私募股权公司已经成为一站式的投资商店。而华尔街之外的其他人对此却几乎一无所知。

是时候解决这个信息不对称的问题了。是时候让人们知道，私募股权到底是如何运作的，私募股权管理人员都具备哪些特点，他们争相投身于这个领域又是出于怎样的动机。这就是本书的出发点。

人们习惯于思考、谈论和追逐华尔街那些所谓的“大银行”，分析它们深陷2007—2008年金融危机的原因。人们喜欢关注硅谷那些“科技巨头”，关注它们上市发行的喧嚣声浪，这不仅仅是因为这些公司已经深入人们日常生活的方方面面，也是因为这些科技巨头创造出的天文数字般的财富令人目眩。每个开设 401（k）养老金账户的人都了解那些由苹果、微软、亚马逊、谷歌等公司名称的首字母缩写组成的各种复杂组合。他们知道，自己的退休金收入就靠这些公司了。那私募股权呢？负责操控私募股权的到底是哪些人，在这个领域工作的又是哪些人，对此人们几乎一无所知。这一社会精英阶层对养老基金的掌控程度日益强化的事实，没有体现在社会大众的日常语境中。那些最成功的私募股权从业者，到底有哪些共同的特征，推崇怎样的行业文化，具备怎样的共同气质，这就是我想通过本书向读者揭示的内容。

“2 +20” 这个收费模式已是行业的惯例，但是不同的私募股权基金以及不同的私募股权公司，投资业绩存在极为显著的差异。即使与事先承诺的财务回报毫无二致，但一些公司能够持续创造出优秀的投资回报，且收费水平要远低于所谓的共同基金、指数基金或交易所交易基金（Exchange-Traded Fund，简写为 ETF)，而另一些公司随着时间的推移，其投资业绩却比不上美国主要股票所构成的标普 500 指数的业绩走势。许多私募股权公司能够在行业中脱颖而出，为投资者创造超额回报，而要实现这样的业绩表现，仅仅靠投资专家有关巨额回报的空头许诺是远远不够的。

过去 20 年，仅就行业吸引力来说，私募股权已经超过了投资银行和对冲基金，成为金融业那些才华横溢的年轻人扬名立万的地方。私募股权是一个以人为本的行业，要想在这个行业取得成功，一定程度上取决于从业者如何作为、如何筹划。这涉及私募基金行业的个人从业者，涉及这些人在宏观行业环境的影响和塑造下，在微观层面都采取怎样的行动。驱动获胜心态的是环境加上动力。在接下来的章节中，我将逐一剖析这些从业者的自驱力，分析理想信念如何影响其具体交易行为，阐述其如何与投资对象管理团队共创佳绩，同时也会对其他一些重要内容展开探讨，比如当投资偏离正常轨道的时候，问题是怎么出现的，为什么会出现，有什么解决方案。

通过分析私募股权的运行逻辑，透视行业从业者的心路历程，读者就能够更好地理解，为什么某些基金（和基金公司）能够脱颖而出。不管你是一个正在考虑从事私募股权的年轻新手，还是一位经验丰富的专业人士，抑或是撒手掌柜式的投资者，我希望本书都能给你带来知识性和趣味性的双重收获。写作本书的目的，是让你在面对经济活动中规模最大、成长最快、影响力最广，同时也是最不透明的商业领域之一时，能够具备相应的知识和眼光，从而更好地理解和更轻松地加以应对。

在本书中，我不会仅仅围绕那些新闻头条，过分关注私募股权行业又打造出多少亿万富翁，或者他们应该缴多少税，或者他们在办公室内外的个人行为，我将穿透这些肤浅的表象，努力向读者展示“2 + 20”背后的深层次逻辑。我将关注私募股权行业本身，关注投资交易行为本身，关注成功投资人士给我们的经验启示，关注他们如何发起投资，如何具体操盘，如何一次次取得超越市场平均表现的优异业绩。他们才是真正的行业精英，之所以这么讲，是因为他们确实能够持续为投资者创造价值。

在接下来的章节中，我会从各个角度对私募股权逐一展开分析，我将通过虚实结合的方式，对各类事件和投资行为进行细致入微的剖析，这样读者就能清楚地看到，私募股权行业高层到底是如何运作的。其中许多内容都来源于现实生活中的真实交易行为和交易事件，而且都曾经给我留下极为深刻的印象，同时出于保护隐私和契合主题的考虑，我也虚构或调整了部分细节表述。这样做的目的，是专注于私募股权投资行为本身，并从中截取值得关注的重要片段，把这些精华内容呈现给诸位读者。

我所强调的这些原则，将构成一份指南，它会让你明白，如何才能在私募股权领域取得成功。这些行为模式为经济体系中日益重要的部分注入了活力——这个行业对于金融体系健康运行的重要性正不断凸显，我们有必要做更为深入全面的了解。

我很清楚，“私募股权”这个词，爱之者甘之如饴，厌之者弃若敝屣。虽然我希望社会大众能以更加积极正面的态度来看待私募股权，但是在审视自己所处的行业时，我始终努力保持客观理性，坦率直白地把一切呈现出来，包括优点和缺点。

我衷心希望，当你的指尖翻过本书最后一页的时候，私募股权行业将以更加鲜活生动的形象印入你的脑海，并且你会对这个行业在全球经济体系中日益增加的重要性有更深了解。作为这个行业的一分子，个人与有荣焉。

接下来，让我们进一步加深对私募股权的认知。

目录

第一章

一出好戏　波澜壮阔

世界经济已经崩溃。由次级抵押贷款损失造成的潜在风险，如今已经显现，对全球金融体系产生了毁灭性影响。普罗大众正面临一场可怕的经济衰退。失业率持续飙升，直冲两位数，房屋所有者则深陷房屋止赎的困境。随着信贷持续紧缩，美联储已经大幅降息。政府部门被迫拿出了压箱底的救助手段：大规模的刺激政策，以及针对房主和企业实施救助的国有化方案。在美国政府被迫向抵押贷款机构房利美和房地美提供救助的一周之后，令人难以置信的大事出现了：大型投资银行雷曼兄弟提出破产申请。这是史上最大的一起破产案件。

那是2008年。

曼哈顿中城区西格拉姆大厦（Seagram Building）37层的董事会会议室，在橡木的装嵌下显得典雅高贵，此时，一家知名私募股权公司（以下化名为“大基金公司”）的11名合伙人在这个会议室中正襟危坐，讨论近期接连发生的大事件，推断接下来形势将如何演变，分析如何才能化危为机，从中分得一杯羹。德国政府雇员退休基金也是这家机构的投资者之一，其政府雇员的平均年薪为 3 万欧元。巴伐利亚州的政府雇员并不知道，坐落于纽约的这家巨无霸资产管理公司，正为他们的退休收入而不懈努力。目前，这家公司的目光，正聚焦于他们的家乡慕尼黑，试图从那里寻找合适的投资对象。

会议室中首先映入眼帘的，是一张椭圆形的法国胡桃木桌，此时，大基金公司创始人正稳稳地坐在桌首，其他合伙人坐在旁边的十把椅子上。这些椅子的材质和圆桌一样，都是采用高端木料制成的，但刻意没有安装扶手。创始人所坐的椅子与众不同。它和公司大厅里价值数百万美元的楼梯一样，由钛合金制成，同时这把椅子还能随意旋转和倾斜——这种刻意的安排，让这把椅子看起来与其说是一个座位，倒不如说是一个国王宝座。即使创始人不在，也没有人敢去沾这把椅子的边儿。天花板上聚光灯放射出明亮刺眼的光芒，即使用在急诊室里面也绰绰有余。透过旁边几扇宽大的落地窗，公园大道的纸醉金迷让人一览无余，欧洲精品店错落有序，橱窗里摆放的商品让人移不开眼睛，但是，面对命悬一线的世界经济，大家都没时间去欣赏窗外这迷人的风光。

时间来到上午 11：45，大基金公司创始人的日程，早在他 6 个小时前起床的时候就已经排满了：先乘坐短途直升机从坐落于汉普顿的海滨住宅来到纽约，然后与美国网球公开赛排名靠前的种子选手打一小时网球，随后在哈佛俱乐部的私人餐厅简单吃顿早餐，之后与美联储理事讨论当前的经济数据表现。

公司创始人在40岁出头的时候，就已经是一个亿万富翁了。他性情冷静而又充满自信，开始讲话——没有特别针对某个人，而是面向在座所有人。他讲起话来，语调柔和但用词准确，情绪内敛却透着威严，让人感觉其阅历丰厚，同时又锋芒毕露。说话的时候，他身体微微前倾，把指甲修剪整齐的双手放在身前会议桌的黄色记事本和厚厚一摞打印资料上。他语气坚定地阐述着自己的观点，语调中没有一点犹豫，也不掺杂任何情感，就好像是在简单陈述事实，而不是在与大家分享意见。回顾30多年的从业生涯，他的投资记录仅有两次失手，他向大家展示出自信姿态，并由此赢得了相应的尊重——即使是他的对手，也表示尊重。此时此刻，会议室外面，社会思潮动荡不安，经济危机持续肆虐，每个人都忧心忡忡，但就是在这样一个紧要关头，他已经着手考虑一笔新的投资了。

他说："这样的场景，我之前就已经见识过。欧洲市场的经济表现，总是落后美国市场几个月时间。很快，它们就会受到沉重打击——极其沉重的打击——而欧洲人对此却一无所知。等他们察觉的时候，一切都为时已晚。我们要迅速做好买入的准备，因为欧洲那些证券资产的价格将一落千丈。现在就让我们做好准备吧。"

此时，会议气氛就如同大楼里的空气一样沉闷，坐在创始人旁边的与会者，尽管面部表情像石头一般僵硬，但他们都清醒地知道，创始人所说的话，简直再正确不过了。公司合伙人以及会议室外面的 15 位中层管理者，认真领会创始人的意图和计划，并着手筹划具体的执行措施。与会者眼神锐利，聚精会神地看着创始人，确保自己能够捕捉到他的每个细微动作和表情，就好像在盯着最珍贵的黄金一样。与会者都穿着定制的西装和昂贵的乐福鞋，但合伙人没有打领带。三名律师正在旁边奋笔疾书，不时提出相关意见建议，而且他们的出席，使得这场会议因“律师—当事人”特权关系而获得了隐私和保密方面的保护。

这就是大基金公司的投资委员会，它属于公司的决策机构，公司合伙人拥有投票权，其他人可以列席并发表评论。美国东部时间每周一上午 10 点，投资委员会都会碰头，风雨无阻。在过去的 90 分钟时间里，投资委员会围绕由三名投资专家组成的交易团队精心准备的一份长达 46 页的投资备忘录，展开了面面俱到的分析研判。要知道，这个交易团队数十天来夜以继日，才汇总出这一备忘录，其中的工作包括跟每位合伙人反复就终稿进行磋商反馈，也包括向公司创始人征求意见。投资备忘录的具体内容，包括简洁明了的正文、详尽全面的附录，以及华尔街大型投资银行给出的借款条件，这是众多投资顾问、会计师、律师智慧的结晶，而对于这笔投资交易能否落到实处，只有通过投资委员会冷静客观的分析评估才能最终敲定。

最终的投资决定，取决于公司合伙人向交易团队尖锐发问之后，后者答复的质量，以及公司合伙人审慎评估这笔投资，能否让公司投资者获得足够的风险补偿。总而言之，就是判断这笔交易是否划算。

周末，交易团队回应了投资委员会每位成员在最后时刻的质询。有些反馈不太友好，把他们工作成果的弱点赤裸裸地暴露出来，这意味着，交易团队需要再熬一个通宵，准备更多的补充说明材料。有些反馈则相对正面，让他们在面对即将召开的会议审议时，增加了一丝底气。质询的目的，是帮助团队找到下一步的正确对策，确定是否要继续推动交易，以及如果继续交易，应该满足怎样的前提条件。这就是私募股权基金投资决策孕育和诞生的全过程——整个过程的目的，是确定当前潜在投资对象的真实风险状况。既然公司创始人已经发话了，那关于是否开展交易的讨论就已经终结——事实上这笔交易已经获批，只不过还需听取大家的建议。交易团队必须迅速做好准备，快速跑步入场，扫货买入，而不能有丝毫犹豫或担心。秋风扫落叶般的冷酷行动，正当此时。

投资标的是 TV 公司——德国最大的提供免费电视节目和广播服务的公司。该公司之前由大基金公司控股，目前已经公开上市，有关该行业及其竞争对手的信息可谓是车载斗量，相关资料都整整齐齐地存放在大基金公司的数据库当中。值得一提的是，即使在将 TV 公司的股权出清之后，大基金公司也一直密切关注着其一举一动。自打三年前从这个行业退出以来，大基金公司的分析师每个季度都会收集广告业、好莱坞电影业等相关行业的经营数据和财务数据，并通过财务模型对这些数据展开系统分析。还有众多关系密切的公司高管，他们会把有关电视以及广播产业的最新动态及时分享给大基金公司，以确保后者能够充分了解

TV 公司的重要情况和发展趋势。同时，面对上下游产业或邻近市场的投资机会，由于合作条件不合适或者竞争对手比较强势，最终大基金公司未能介入，但在这个过程中开展的市场分析，也会进一步加深大基金公司对这家公司的认识。这些投资机会包括对法国和斯堪的纳维亚半岛的电视及广播电台的潜在投资，对英国广播电视塔的潜在投资，还有对北欧地区一家消费品公司的潜在并购，后者是在 TV 公司运营频道上投放广告的金主之一。

因此，即使第一笔投资早已尘埃落定，大基金公司仍能紧跟形势，及时了解情况，并实时分析与目标公司未来发展相关的一切事务——从宝洁公司在洗发水广告上的开支，到好莱坞大片的制作成本，再到面对裁员和重组时工会及政客的反应等。相关的数据资料，加上大基金公司与目标公司的历史纠缠，最终使得成功的天平向前者一步步倾斜。大基金公司创始人有充分的理由和把握，再次对目标公司抛出一笔雄心勃勃的投资——这次投资的时机，正值全球经济危机这样一个关键时间节点，而此时其他投资者都还没有关注到这一点。

上一次，大基金公司的投资者在对 TV 公司的投资中实现了投资收益翻一番，也就是一美元的投入，换来了两美元的回报。这次投资，目标是获取更为丰厚的回报，以上次大基金公司卖出价格的七五折，从公开市场上再次买入 TV 公司的股票，同时以不到 TV 公司最初发行价的 1/3，买入其发行的私募债务。这些资产的价格处于被严重低估的状态，这让该笔资产收购显得极为划算，当金融市场复苏时，这笔交易很有可能为大基金公司带来巨额回报——前提是 TV 公司依然能够正常经营，可以扛过这次危机的冲击。或者，用私募股权投资的专业术语来说，只要这笔投资“有利可图”（money good），也就是只要 TV 公司能够成功活下来。

通常情况下，大基金公司的投资目标，瞄准的是私人企业而非上市公司。具体操作路径是，收购投资标的，对其实施控制，改善经营管理，进而脱手获益。而 TV 公司这个投资案例的特殊之处在于，当时金融市场一蹶不振，市场情绪极为低迷，大基金公司已经为这笔投资做好了万全准备。实际上，尽管投资的是股票和债券，而非直接收购企业，但考虑当时的市场背景，这笔投资的确是大基金公司千载难逢的投资良机。大基金公司对 TV 公司可谓是知根知底。在这种情况下，合伙人知道大胆投资绝不会错，只要价格合适，并且投资专家对于为此搭建的投资模型也都充满信心。共同基金、指数基金以及 ETF 争相撤出，导致这些证券的价格一落千丈。一边是被动资金正在试图离场，另一边是会议室里这些主动管理型基金经理却想抄底，想要以高额折扣价狠狠地买上一大笔。

这些证券的价格为什么如此萎靡？因为世界正值一片混乱。由于跨国公司担心金融危机会对其收入造成冲击，全球电视广告需求急剧下降。曾经被认为是不可或缺的物品，不管是汽车、日用品还是银行账户，如今都要按照二分法进行重新分类——到底需要哪些，不需要哪些。金融市场没有耐心慢慢等着实体经济的表现逐渐传导过来，它们的反应要直接且快速得多，它们已经预见到哪些是对市场震荡较为敏感的企业和行业。即使像你我这样的普通人，也能够客观冷静地认识到，让德国每个人都停止购买基本的生活用品，这种情况基本上不可能出现。他们可能会延迟购买一辆新的汽车，但不太可能打消买车的决定。他们只有受到某些因素的影响，才会升级自家的电影和体育频道，但无论如何都不会停止收看电视——事实就是，没人能够给出确切答案，尤其是在当时有些人甚至认为地球都可能停止转动的情况下。事后的复盘是一回事；当时身处风暴中心，不知道这场风暴将造成多么严重的破坏，还要拿投资者成千上万的真金白银去做惊天一搏，又是另外一回事。这需要专家的分析智慧和翔实数据，是投资专家出手的时候了。

如果这场博弈能够成功，大基金公司的投资者会兴奋不已。为什么这样说呢？因为投资者如今要靠私募股权公司来管理他们的资金。人类寿命越来越长，全球人口也在不断增加，伴随这些人口形势的变化，为退休者审慎做好投资决策，维持合适的养老金水平，无论是从政治角度还是从社会角度，都成为当务之急。主权财富基金、高净值家庭以及大学捐赠资金等，也需要着眼未来，确保资产持续保值增值。一旦有所差池，将会给人们带来无法承受的后果。

举例来说，让我们思考一下政府部门雇员的养老金资金池，它大约需要每年 7% 的持续投资回报。为了获得这样的回报，养老基金管理者除了充当被动投资者，把养老基金投资于股票市场、政府债券等相对稳健的投资标的，还不得不把投资眼光放得更长远一些。共同基金、指数基金和 ETF 也许能够在一两年或连续数年时间里满足要求，但这类投资也经常面临市场波动，导致投资出现亏损或投资回报不足。这就无法为退休人员提供充足的养老金保障。养老基金需要跨越市场波动和经济周期，获得更高、更稳定的投资回报。它需要能够给投资者带来持续回报的私募股权投资伸出援手。

表现最好的私募股权基金能够将投资风险最小化，同时为投资者创造超过 15% 的年化回报率——顶级的投资机构甚至能够带来更高的投资回报，其管理的投资组合几乎都是如此，例外情况极为少见。在这种情况下，教师、消防员、护理员以及其他退休雇员等，都在私募股权基金的帮助下，让自己的退休金收入足够覆盖相应的退休支出。对这些人来说，大基金公司这样的私募投资机构是不可或缺的。

——— * ———

大基金公司的投资委员会会议结束之后，TV 公司交易团队在负责该项目的合伙人办公室重新集合。他们对相关票据进行审查，确定可能需要采取的后续措施，并最终制定投资实施方案，随后向股票和债券交易员发出指令，以事先确定的价格在交易所下单买入股票。他们必须保持足够的谨慎，分批实施买入操作，以避免拉高股票价格，确保一切都在掌控之中。等到交易对手最终发现，持有 TV 公司股票是一笔极为划算的买卖，一切都为时已晚。大基金公司已经拔得头筹，目标股票价格开始上涨，这就意味着，大基金公司在短短几天时间里，就已经坐拥不菲的投资回报了。大基金公司精心设计的投资计划，最终将在交易屏幕上引发关注，盲目跟风的投资者因为担心错失市场良机蜂拥而至——这一切只会进一步增加大基金公司的投资回报罢了。至少，这一切也在交易团队的计划之中。

把时间快进 12 个月，我们将会看到，为应对当时的经济危机，全球央行和政府部门不断向市场播撒货币和财政弹药，最终使得大基金公司持仓的资产价格增长了两倍。大基金公司通过旗下管理的基金，已经把 TV 公司公开交易的股票及债务等资产全部收入囊中。

你认为大基金公司的创始人接下来会怎么做？他命令同事说，考虑到继续持有这些投资所承担的风险已经显著超过未来可能获得的回报，如今正是离场清算的好时候。市场上可供汲取的回报已经寥寥无几了。正如私募股权投资的术语一样，只要继续持有而没有卖出，那就相当于在持续买入。

到了这个时候，他们选择资产变现无疑是正确的（你我可能也会这样操作），在接下来的几周，通过有序而低调的卖出操作，大基金公司把这笔投资出清变现，从而在一年多一点的时间里，把投资者的本金赚了两倍，也就是 1 亿美元的私募股权基金得到了 3 亿美元的投资回报。在这种情况下，大基金公司无须直接收购投资目标，只需对 TV 公司的流通股进行短线操作。而这一切的基础，是大基金公司作为前股东对这家公司知之甚深，对这家公司的最新信息了如指掌，以及当市场暴跌时，交易团队具备足够的投资智慧，并且握有充足的交易子弹。

这一切，可不是随便一家跟踪指数的基金所能够做到的。

—— * ——

之所以着重强调上面这个交易案例，是因为透过它，我们可以清楚地看到，私募股权投资的连续性、灵活性，以及身处严重经济危机等不利环境时投资的果断性。通常情况下，私募股权公司会直接收购投资标的，或者向其发放贷款，或者是提供成长资金支持。但是在上面这个案例中，面对自己一度拥有，如今试图再次收购而产生的不确定性，以及在危机期间折价分批收购过程中一闪而逝的流动性投资机会，大基金公司平衡了这些未知因素。这场危机来自金融市场的崩溃，但任何危机，比如疫情，都可能创造让投资者灵活配置资金的市场良机。任何危机诱发因素都同步蕴含着投资机会。

私募股权公司为投资者提供的投资服务的重要性和影响力正在快速提升，但与那些不可或缺的基础设施不同，该类服务定价尚未受到严格的管制。“2 + 20”的意思是，如果一笔私募股权投资能够取得成功，那么投资专业人士将因创造的非凡业绩而获得超额回报。私募股权公司将会保留投资收益的20%，并分享给其员工。通常来说，更高层级的员工将拿走更大比例的收益。有些公司把投资收益的分配，与员工所负责的投资项目紧密挂钩，有些公司权衡所有投资项目所获得的投资收益，从中拿出一部分分配给员工。每家公司都不一样。重要的是，只要能创造回报，私募股权公司将提供巨大激励。

要注意：尽管私募股权公司把投资收益的20%收入囊中，但承担投资风险的资金却来自投资者自己。投资专家通常会自掏腰包，与客户共同投资，但总体而言，他们所能拿出的资金量仅占投资总量很小的一部分（比如说，2%～5%）。因此，考虑承担投资风险的资金总量，投资专家的资金占比很低。绝大多数承担投资风险的资金，都是投资者的投资，而私募股权公司所收取的费用，却来自所有投资者的贡献。私募股权公司与投资者这种约定俗成的合作关系，是推动公司努力创造价值的核心动力，也是私募股权行业运行的根本基石。

这种做法属于行业惯例，而且也为各方所普遍认同，在绝大多数情况下，私募股权行业的投资者都因此获益匪浅。这种制度激励是私募股权从业者努力奋斗的重要源泉，因为一旦能够为投资者成功创造价值，相比自掏腰包投资所承担的风险，他们将可以获得更大的收益。

当然，要想真正做好私募股权投资，其幕后的投资专家不仅要掌握更全面系统的信息，也需要具备相应的投资技能。说到投资技能，就离不开投资专家个人所拥有的投资理念和投资基因——只有掌握了相应的投资原则，具备相应的投资特质，才有机会成为顶级投资专家。这些因素推动着他们成为金融行业金字塔尖那1%的精英。私募股权行业是华尔街从业者万众瞩目的焦点领域，是满怀抱负的年轻人尽情施展投资天赋的绝佳舞台。

如果这一切都轻而易举的话，那么从大街上随便找个人都能做。就如同我们之前所刻画的那样，私募股权从业者总是能够并行不悖地操纵多笔投资交易。在每周召开的投资委员会例会上，与会者通常要事无巨细评估好几起交易活动，同时还要更新更多的交易细节。投资活动的业务范围极为多元，交易结构十分多样，复杂程度各不相同，地域分布天南海北，要想顺利地发起交易、组织实施并最终取得成功，可真不是一件容易的事情。私募股权从业者如何做到这些，而且始终如一地做到这些，其中的酸甜苦辣，确实值得玩味。正是在这些人的帮助之下，许多国家的养老金体系才能正常运转下去。

私募股权投资专家每个星期都可能会对某家著名的上市公司进行尽职调查，以便当这家公司陷入困境时，考虑对其进行私有化操作。面对公开市场的不利形势，这家曾经集投资者宠爱于一身的公司，有可能会变得黯然失色，此时就需要远离市场的聚光灯，低调地对其进行深度改造以恢复其生机和活力。这也许是数字经济领域的一家初创企业，目前因业务扩张而急需资金支持；也许是一家大型企业集团，历史包袱沉重，市场反应迟缓，其中某个业务板块不再受到总部重视，因此需要剥离出去；也许是诸如生命科学、信息技术、自然资源等专业领域，需要资金注入才能抓住细分市场的发展机遇；也许是一家并购平台，需要更多资金，以便进行更多的补强型并购（bolt-on）和整合式并购（tuck-in）[①]；也许是一笔

① 并购的两种方式，前者是指并购后被并购企业仍然存在，由并购企业统一管理，类似于新设合并；后者是指并购后被并购企业不复存在，类似于吸收合并。——译者注

巨额的颠覆性并购交易，最终打造出主导某个行业的庞然大物。现实中投资交易情形的多样性和复杂性远超你的想象。

为了在上述交易活动中赢得主动，私募股权公司可谓花样百出：可能是因为事先拥有投资标的竞争对手股权，从而能够获得内幕信息；可能是动用了跟目标公司管理层或董事会的私人关系；可能是围绕投资目标的生态系统做文章，在供应链或客户群方面积累起丰富的经验。私募股权投资专家总是能够找到切入的角度。投资委员会的每个成员都经验老到，反应敏捷，个把小时之内就能把每一项投资理念梳理得清清楚楚，从容淡定地给每个投资项目团队分配好任务，果断地做出高达数百万美元甚至数十亿美元的投资决定，明确拍板启动投资、再融资、数年后售出获利等一系列安排。

—— * ——

如今，距离 TV 公司投资案，已经过去了 10 多年。全球金融危机的硝烟已经散去，新冠疫情成为全球面临的另一个难题。但就私募股权行业来说，目前却欣欣向荣，以两位数的速度高速增长，资金募集规模更加庞大，为投资者和自身创造的收益也更为丰厚，这一切都远远超出了所有人的想象。一家曾管理数十亿美元的投资公司，如今已放眼管理上百亿美元；一家曾管理上百亿美元的公司，如今管理着上千亿美元的资产。甚至有几家公司的资产管理规模正在朝着万亿美元快速迈进。

当然，这些公司最值得称道的，不仅仅是它们持续扩张的资产规模，也包括它们呈现给投资者的投资业绩；不仅仅涉及私募股权领域，而且在它们所管理的各类私人资本领域都表现优异。金融危机以及疫情肆虐所带来的不利影响，一方面导致宏观经济和金融市场受到严重冲击，另一方面却恰恰为私募股权投资专家提供了可供挖掘的投资良机。在这种情况下，他们可谓如鱼得水。他们巧妙借助危机所造成的市场探底，以最低的风险为投资者创造最丰厚的投资回报。当其他投资公司噤若寒蝉、投鼠忌器，甚至在更糟糕的情况下打起退堂鼓的时候，私募股权公司却一跃而起，积极拥抱这些难得的投资机遇。当我们绝大多数人都觉得市场形势险恶的时候，私募股权公司却认为，完全有机会从当前的市场不确定性中，发掘出诱人的投资机会，并赚取不菲的投资回报。

私募股权投资专家精心策划着自己的投资，在全球经济版图的不同角落巧妙布局。面对形形色色的产业，他们举重若轻，从中遴选出新的投资良机。在特定情况下，他们会通过私募股权进行投资，而在某些情况下，他们也会选择债权进行投资，对此他们不拘一格。面对一些涉及投资成败的关键环节，他们又能做到吹毛求疵，从基金税制到投资公司高管选任，都事无巨细地予以重视。这些人所具备的金融实力，足够确保其度过最严峻的经济危机。在某些情况下，他们的投资可能也会失败——即便如此，私募股权公司依然能够屹立不倒。

私募股权规模持续膨胀，让行业利润随之水涨船高，对该行业的从业者来说，也更具吸引力。之前我们就说过，通常一只私募股权基金会抽取收益的20%作为佣金。同时我们也要明白，每年向投资者收取2%的管理费最终都去了哪里。尽管不同的公司和基金每年收取的费用略有差异，但2%已经成为行业基准。纵观整个私募股权行业，这既是绝大多数公司希望达到的收费水平，也是绝大多数公司实际执行的收费水平，属于行业准则。

20世纪晚期，私募股权行业刚刚兴起的时候，私募股权公司收取的管理费仅够支付其运营成本，包括员工薪资、办公大楼开支和其他日常经营支出等。随着行业越发成熟，资产管理规模越来越庞大，这些管理费可以说已经成为私募股权公司利润的重要来源。这反过来又会促使公司继续扩大规模。

对一家私募股权公司来说，不管是针对其管理的所有资产，统一按照2%的水平进行收费，还是针对不同的投资策略，采取管理费和投资利润分成相结合的收费模式，从实质来看并没有什么不同。公司的资产管理规模越大，其收取管理费的资产基数也就越大。对那些管理各类私人资本并挂牌上市的大型私募股权公司来说，其上市股票对公开市场投资者最核心的吸引力，就是这些公司所收取管理费的稳定性和成长性。

对于这个问题，我们可以这样看待。整个私募股权行业的成长壮大，资金规模的不断扩张，这一切都有一个前提，那就是私募股权投资能够真正创造价值。虽然收取了2%的管理费和20%的投资利润分成，但绝大多数私募股权公司都能够像其宣称的那样，为投资者带来相应的价值回报。老的投资者能够持续光顾，新的投资者不断加入进来，无论是从资产管理规模来看，还是从头部公司管理资金的投资维度来看，整个行业都持续处于上升的态势，而这一切的最主要原因，就是私募股权公司实实在在的投资业绩，私募股权公司真的能够为投资者创造价值。考虑到所收取的管理费和投资利润分成，这个行业的成长速度之快简直令人难以置信。同时，普通人的养老基金、主权财富基金、大学捐赠资金，也有一部分被委托给私募股权公司进行投资，从纯金钱的角度来说，私募股权行业的规模之大，已经远远超出了人们的认知范畴。

现实经济生活中，私募股权公司的触角，填补了金融体系中其他资金离场之后留下的空白。举个例子来说，私募股权公司可以直接向市场主体提供信贷资金支持。金融危机爆发之后，银行等传统的借款人面临着更为严格的资本约束和监管要求（正如人们所希望的那样，监管部门如此要求的部分原因是避免金融危机重演）。由此导致的直接后果，就是银行从传统的信贷业务领域开始撤退，转而迷上了囤积现金。银行机构的这些动向，使得传统信贷市场向私募股权公司及其债务基金张开了双臂。私募股权公司予以热情回应，迅速涌入这片领域，通过与传统信贷机构截然不同的方式，向市场提供资金支持，这也就是人们常说的“影子银行”。

私人资本投资于信贷领域，相比于银行，这种投资受到的监管更为宽松，且与典型的私募股权基金一样不透明，如今已经成为大型公司资产管理的重要方式。这些私募股权公司不仅冒险闯入了这一空白市场，同时已经牢牢地站稳了脚跟。私人资本的另外一个重心就是基础设施。在这方面，私募股权公司一定程度上替代了政府的作用，采取并购、融资、运营等多种方式，对诸如机场、收费公路、公共设施等实施管理运作。

在大型私募股权公司管理的私人资本中，信贷基金和基础设施投资基金占据重要地位，此外还有私募股权基金中的企业并购业务。与私募股权投资一样，由于能够为养老基金和其他投资者持续带来投资回报，这种运作模式取得了比较好的效果。

对规模较大的私募股权公司来说，它们在统一的管理框架下，将形形色色的私人资本分散投资于多种不同的投资标的。在许多公司，创始人——仅仅是少数个人——仍然控股或者控制着整个公司。但就头部公司尤其是上市公司来说，近年来它们已经采取了很多措施，试图逐渐转型成一家真正的公司制企业。

但即使在规模最大的私募股权公司中，相比于其掌管的巨额资产来讲，顶级投资专家（通常被冠以“合伙人”“会员”或者类似的公司称谓）的圈子依然很窄。对于一期资产规模高达 100 亿美元的私募股权基金，可能只有 20 个合伙人负责对其进行管理。如果同一家私募股权公司募集的下一期基金规模为 200 亿美元，那么负责管理这期基金的可能还是同一个投资委员会，负责该期基金的合伙人数量也不会翻一番——具体人数可能会增加到 30 人左右——而且绝大多数情况下，合伙人人数的增加是由于内部人员的职级晋升，当然也会涉及一些同业招聘。即使资产管理规模大幅增加，私募股权公司的组织结构依然需要保持紧凑，只有这样，才能保持高效灵活的决策机制、企业文化和专业智慧。而至关重要的是，必须确保企业文化和专业智慧成为投资专家具备的核心素质。

私募股权投资稳定而强势的业绩回报使整个金融界都清楚地认识到：私募股权公司是理想的从业选择。这个行业持续吸引并留住了众多来自商业领域、金融领域和产业领域的优秀投资专家，并通过提供成长机会和丰厚回报的双重激励，把这些人牢牢地拴在私募股权和其他各类私人资本投资领域。回想10年之前，一个优秀的信贷交易团队可能会考虑在同业之间流动，从一家银行跳槽到另外一家银行，比如说从摩根大通到高盛；而时至今日，市场最优秀的人才都希望加入行业领头羊黑石公司，或者在凯雷公司和KKR等市场主要竞争对手那里谋得一份工作。

这些投资界的超级明星给私募基金持续创造了价值回报，因此投资者源源不断地把更多资金投入进来，这又需要对更多的私人资本加以运作管理，也就意味着，交易团队需要扩张，新的投资专家需要招募——现金流就这样运转起来了。

这完全是一个靠人的行业。正是私募股权从业者造就了这个行业，并推动这个行业高效运转。私募股权不仅要对各类资产实施主动管理，还涉及对各类投资进行主动控制——无论这些投资交易表现为什么形式，比如对一家公司直接投票控制，或是持有少数股权，或是提供借贷资金，抑或是收购一家公司并对其加以管理。这一切管控活动都需要由具体的人加以引导，需要从头到尾具体负责投资交易活动的专业人士来操作。

私募股权投资绝非自动化的工作流程。这项工作，不是一台超级计算机可以做到的，也不是人工智能可以取代的。交易的成功或者失败，与系统或者投资流程无关，而是由那些掌控局面、每日做出决策的人来决定。这些人已经充分向市场证明，他们拥有高人一等的能力，可以透过风险收益的滤镜，对一切活动展开分析，对优势与劣势展开对比，在他们的眼里，某笔投资活动最有可能的演化结局将无所遁形。这些人的欲望和耐心，确保了他们能够数十年如一日地跟踪某笔交易活动，并丝毫不觉得枯燥，为了终点处的那一罐金子，他们随时做好了跑马拉松的准备。

在私募股权行业，资本的良性循环完美地呈现了出来。对养老基金和其他投资者而言，这个行业的服务不可或缺。它吸引着最优秀的人才，能够为投资者持续创造价值。这个行业也正在快速扩张。在全球疫情肆虐或危机四伏的时候，金融市场跌宕不安，未来一片迷茫，此时私募股权和其他各种形式的私人资本的非流动性——不能随时取出投资——给市场带来无与伦比的吸引力。在一个动荡不安的市场当中，私募股权是投资者最后的避风港之一。与其他投资相比，私募股权行业收费更高，透明性更差，但能够创造更大的价值。

这就是把私募股权称为一出好戏的逻辑所在。

私募股权投资专家如何才能最终坐上投资委员会的权力宝座？他们是如何思考，如何操盘的？他们最核心的投资理念是什么？他们是如何成功的？他们为什么敢于承担这样一项极具挑战性的工作？他们必须解决哪些系统性问题和细节问题，这些问题能否被解决？在接下来的章节中，我将以内行人的视角，原汁原味地逐一向大家呈现这些内容。

下面，让我们看看私募股权是怎么点石成金的。

第二章

平凡无奇　难入法眼

私募股权出售的东西听起来都很吸引人，以至于有人认为它就像神奇的炼金术一样——从金融的角度来说，就好像是点石成金的魔法一样。私募股权总是能够击败市场，似乎不费吹灰之力就能赚得盆满钵满。私募股权能够创造高额回报，长期以来一直如此，并且能把损失风险降到最低。私募股权关注的是最终的投资业绩，而不会过度关注季度或者年度回报。私募股权发掘投资机会的能力，其他人都难以望其项背。投资者投入资金，虽然要面临一段时间的锁定期，但几年之后，就能够获得数倍返还，而无须付出任何努力。只需要无条件地信任私募股权公司：把钱交给它们就行了。

这与其他资产管理公司的做法形成了鲜明反差。私募股权公司的管理人并不会从二级市场上挑选股票或者债券，然后等着市场出现一波上涨行情，从而获益。他们不会把投资者的资金打散，以试图在金融市场上进行分散化投资。他们不会对某些股票实施做多或者做空操作。他们不会尝试着去复制标普500指数。在私募股权行业中并没有所谓的图表分析师或者研究学者。如果像贝莱德或先锋领航的操盘手那样，被动投资于ETF，可能意味着每年投资者只需要支付大约10个基点（0.1%）的管理费，然后所有收益都归投资者所有；通过这种方式获得的收益，通常不会与投资经理进行共享。而与此形成强烈对比，私募股权行业最令人瞩目的，是行业按照2%的管理费和20%的投资利润分成来收费。把二者进行对比，可谓天差地别。

通常来说，私募股权基金要拿出相应的资金去收购某家公司的控股权，或者至少投资足够多的金额，才能对该公司施加重大影响。通过这样的操作，私募股权基金才能在这家公司董事会当中占据一个或者两个席位，或者直接控制董事会，拥有董事会主席的任命权。被投资企业可以是一家成熟的公司、一家创业企业，可以是某家大型企业集团剥离出来的某个业务板块，还可以是一家上市公司，私募股权基金利用高成本的债务并购融资，通过杠杆收购的方式，使这家公司退出股市。

并购交易完成之后，推动该笔投资的交易团队就要迅速融入被并购企业的管理团队当中，推动公司价值增值，以便在几年之后能够以更诱人的价格从容退出。通常来说，一支交易团队要全程参与从启动到退出的投资流程。他们可能也会得到一些额外的资源支持，比如说公司选聘的行业专家，当然他们也会与目标公司的其他非执行董事通力协作。在私募股权领域当中，通过这种方式参与目标公司经营管理工作的，通常是财务领域的专家和经营管理方面的人才。并购交易完成之后，他们不会立即退场——他们的存在，并不仅仅是为了“完成交易”这一刹那的荣耀——无论是在哪一笔投资当中，只有当投资标的最终处置完毕，或者用私募股权的行话来说，当投资收益“变现”之后，他们所追求已久的丰厚回报才会最终到来。

对被投资企业的改革，有可能是系统性的颠覆，先把公司内部清理完毕，然后由内而外实施战略转型，或者采取指向性更强的措施，解决一系列特定的沉疴顽疾。具体执行的时候，可能会通过战略性的举措来推动公司的业务成长，比如说继续实施并购行为或者为公司增设一条全新的产品线。这些改革措施的具体落地，通常涉及被投资企业管理层面的频繁调整，以及业界专家的帮助，后者任职于公司的董事会及其关键委员会，在上述调整改革过程中可以发挥积极作用。

私募股权基金退出投资的方式，可能是向大型机构或另外一家私募股权公司出售部分或全部股权；可能是在股票市场上市（或者重新上市），再经历一段时间的禁售期之后，私募股权基金通过有序“减持”，最终实现获利退出；可能采取上述组合方式。随着被投资企业收益状况的改善，私募股权基金可以向其提供更多的贷款支持，进行一次或者多次再融资；或者根据被投资企业的价值，在最终退出投资前进行融资，通过这样的操作，让部分早期投资者获利离场。有时候，也可以把被投资企业的部分股权早早出售；如果继续持有这部分股权，已经不符合私募股权基金的总体投资策略，那么最好及早处置，让独具慧眼的其他买家从中挖掘更大的价值。上述所提到的都属于私募股权行业所谓的“价值实现”，也就是说，退出投资并分配给投资者。

纵观一笔私募股权投资的生命周期，上述操作存在数种组合空间，而面对每种措施的先后顺序，也存在数不清的排列选择。这方面可谓是运用之妙，存乎一心。在这一系列操作中，起基础性作用的因素，当数私募股权投资领域的专家，他们能够系统权衡投资的财务因素和管理因素。也正是这种 360 度无死角的全维度分析，让他们能够及时发掘投资机会，灵活确定最优投资决策，比如可以直接收购公司，或者是提供一笔雪中送炭的贷款，把公司从财务困境中拯救出来，抑或是盘活被投资对象的房地产或基础设施资产。正是这种投资视野和投资直觉，确保他们巧妙研判下手投资的最佳时机，全面领会具体执行的最优安排，这才是私募股权行业与众不同的核心所在。只有赶上合适的时机，实施合适的操作，才能不断提升投资的价值。

上面所说的所有操作，既非一目了然，又非一成不变。要透彻理解一家公司的经营活动，需要清楚行业的供需状况，了解长期竞争格局将如何演变，信息技术将带来怎样的冲击，监管要求将发生哪些变化，同时也要计算清楚，财务杠杆运用到什么样的程度，才能获得更好的投资回报。在经济下行时期，公司业务发展的韧性如何？公司的资本结构是否健康？债务重组的机会在哪里？如果想在未来五年时间里脱手，公司长远发展的战略愿景是什么？这个战略愿景的现实可行性和市场说服力如何，即是否容易被买家接受？通过这种方式透彻理解被投资对象，离不开专业知识的辅助，也需对公司管理团队及其价值观有深入全面的了解。对私募股权投资专家来说，在其投资的每个行业构建起强有力的联络纽带，是他们必须具备的基本素质。他们不是日常管理者，而是依赖于优秀的管理团队，因此他们必须独具慧眼，认清到底怎样的团队才称得上优秀。

私募股权投资专家在对投资目标进行评估时，会同时从经营角度和财务角度展开分析，二者在一定程度上会有所重叠。在私募股权投资中，把这两方面的分析视角结合起来，对投资目标进行全面分析，至关重要。相关资本结构和融资安排必须协同推进，与投资的战略愿景和经营运作密切配合。一旦明确总体投资策略，投资专家就会通过电子表格，设计一系列假设情景，在此基础上对投资目标进行压力测试，分析到底哪种情景较为谨慎周密，并把这种情景作为投资基准模型的一部分。举例来说，在某个投资情景中，某些产品线的收入增长迅速，而其他产品线的收入波动较大，导致后者对公司的利润造成拖累。在另一个投资情景中，存在人工成本过高或供应链紧张的问题，或者是资本支出超出预算额度的情况。要把数十种甚至更多情景模拟到位，随后进行提炼和精简，筛选出该笔投资最有可能出现的“基准情景”。

纵观投资过程的每一个阶段，从最初发起投资、实施投资操作，到几年之后出售并获利离场，私募股权需要密切关注公司管理团队的经营水平，在他们的帮助之下，最终实现投资目标的价值较之前显著提升。只有通过与公司管理团队亲密无间的协作配合，投资委员会在会议室里所讨论的投资方案，才能一步步变为现实。私募股权投资专家需要与目标公司里相对应的合作伙伴——具体可能是首席财务官，可能是首席执行官，也可能是各个工作团队的高管人员——以及其他不负责具体事务执行的董事会成员，保持定期沟通。重要的是，私募股权需要了解公司管理团队的日常工作动态，他们在整个投资生命周期里面临哪些困难，希望得到哪些帮助，私募股权如何才能提供最优的协助，把纸面上的投资理念转化成为切实可见的投资价值。这个过程自始至终都在不断变化、持续更新，属于私募股权投资工作的核心内容。要想顺利推进这项工作，投资专家和公司的高管团队都需要满怀同理心，以及高超的情商，得到彼此的信任，建立长久真诚的合作纽带，共享时光美好，共度岁月维艰。坦白来说，这些品质在整个华尔街可并不常见。

其他的资产管理行业，比如说对冲基金和共同基金领域，也有一些表现优异的投资专家，尽管他们在从事资产管理这项工作时，也有自己的投资逻辑和行为方式，但只有在私募股权行业，这方面的要求才体现得最为全面和彻底。从外表看，公众可能觉得这有点类似于黑魔法，他们的投资举动属于不容错过的精彩魔术表演。但实际上，这丝毫没有什么神秘之处。私募股权领域的从业者都是非常优秀的投资者，他们所在的基金公司利用他们所掌握的技能，努力创造出最优异的投资回报。每个新入行者必须有所专长，每个新升任的合伙人都有义务帮助行业做大蛋糕，通过这样的方式，当面对 2% 的管理费和 20% 的投资利润分成时，每个从业者装到自己口袋里的钱就会变得更多一些。

这种投资机制是如何运转的呢？以一种非常紧凑的方式，这种方式就像行业的收费模式一样，从发展初期至今，基本上没有发生变化。一家私募股权公司的组织结构大体上呈现为金字塔结构，投资人员总体上可以分为三组：基础分析人员、中层投资管理人员和高层人员。高层人员也被称为合伙人或者执行董事，对于公司的投资业绩和投资行为，他们需要直接向投资者负责。当然，如果创始人（创始人团队）仍然经营着这家公司，那么耸立在这个金字塔最高层的，就将是他们。

基础分析人员主要是年轻的投资专家，他们承担的主要职责，是聚焦被投资企业经营模式和财务状况，把其背后的相关数据和细节信息简洁透彻地梳理出来。同时，他们也以投资专家的身份参与关键的投资活动，协助推动投资进程，并持续加强与律师、会计师、税务专家和其他咨询顾问的协作。通常来说，这些从事分析工作的基层人员，都是刚刚走出名牌大学校门的年轻毕业生，而且其中许多人都曾经在华尔街大型银行的投资银行部有过初级见习经历，比如说高盛、摩根士丹利或者摩根大通等。对那些满怀抱负的私募股权投资专家来说，他们需要在金字塔底层历练五年时间，之后才有机会提升为更高的级别——中层投资管理人员。这些人在公司日常投资交易活动中充当着四分卫角色，并负责对基础分析人员的投资工作进行质量把关。

中层投资管理人员构成了私募股权金字塔的中坚力量，年龄通常为 25 ~ 35 岁。他们在这座金字塔结构当中可谓是上下逢源。

比如说，这一刻，他们需要协助基层分析员对相关数据信息进行分析解读，下一刻，他们又要与高层合伙人讨论，该给本周被聘用或解聘的首席执行官怎样的待遇安排。尽管每家公司情况不同，但在绝大多数情形下，这些中层人员是从表现优异、高效成长的基层人员提拔而来的。

金字塔更高一层就是合伙人级别了，他们负责主导公司的投资交易活动。他们通过发掘市场投资机会，推动投资交易落地实施。当投资委员会开会讨论投资交易的时候，合伙人通常会第一个发言，介绍总体形势，提醒委员会应聚焦哪些问题展开讨论。他们属于公司精英级别的投资操盘手，全面负责交易活动的成败。在公司所收取的“2 +20”费用当中，他们通常会拿走最多的部分，整个蛋糕本来也都是他们一手创造出来的。

当然，在不同的私募股权公司中，各个管理层级涉及的头衔数量也各不相同。有些公司杜绝设置太多的头衔，只选用三个层级，像是“投资助理”、“投资主管”和“合伙人”等，囊括公司整个管理结构。在这些公司看来，头衔过度泛滥，会削弱每个头衔的含金量，并在潜移默化中鼓励员工在晋升上投入过多的注意力。

也有一些公司选择设置更多头衔。比如说，分别设置“助理”和“高级助理”，或者“副总裁”以及“董事”，通过这种方式对公司的基层人员和中层人员进行区分。无论如何，每个满怀雄心壮志的私募股权投资专家，都必须经历基层、中层和高层的逐级磨炼，同时在每个层级当中，也必须通过各个“细分层级”的关卡考验，才能最终跃居高层。

当然，各家公司也有类似的地方，那就是随着工作年限的增加，并不必然伴随着职级的晋升。要想获得晋升，一是必须有合适的空余职位，二是需要为此付出相应的努力。职级晋升意味着更多的收入，意味着从“2+20”中分得更多，但前提是，从业者必须为所在公司和同事创造出实实在在的价值。从业者需要展示出自己过人的能力，把大家共享的收益蛋糕成功做大，而不仅仅是从中拿走更多。这种晋升的逻辑，同样适用于类似组织结构的其他行业，比如说顶级投资银行，或者“白鞋”律所①。当然，在收费模式遵从“2+20”标准的私募股权行业，这种晋升逻辑的重要性相比其他行业而言要高得多。如果可以量化，那么晋升合伙人需要创造的价值可能是上亿美元，而创始人更是高达数十亿美元。而在银行或者律所，这种严苛的要求就相对少见。

从历史上看，横向招聘其实并不常见，但随着私募股权行业的发展，以及其不断开辟新的业务领域，这种做法正在变得越来越普遍。举例来说，一家私募股权公司，此前从未涉足过社会影响力投资、基础设施、可再生能源或生命科技等领域，如今，这家公司可能需要针对每个相关投资领域成立专项交易团队，并在相关行业内部开展横向招聘来招揽人才。公司的主要考虑是，新交易团队的成员需要与被投资企业那些资历深厚的合伙人合作共

① “白鞋”律所是指高档律师事务所，通常服务于大型企业和高净值客户。——译者注

事，以此确保企业文化得到有效延续，同时这也已经是一种十分常见的投资方式。此外，人们通常认为，相比于外部招聘，从公司内部挖掘新人更加安全可靠。许多通过外部横向招聘渠道加入私募股权行业，或者从一家公司跳槽到另外一家公司的高管人员，都具备不可替代的专业技能，比如说，他们面对全新的垂直业务领域，能够独立开辟投资业务，或者在该领域拥有相关的专业技术知识，而这一切在他们新加入的公司当中，尚没有其他人能够简单替代。随着私募股权公司的业务持续渗透到其他私人资本领域，这种人员流动趋势必定会得到进一步强化。

尽管听起来让人难以置信，但发掘、推动和管理一笔数十亿美元的投资，可能只需要三四名投资专家就能做到。作为私募股权公司运行的基础，相关投资交易团队的人员构成通常是这样的：一名基层分析人员，一名中层人员，一两名高管人员。团队人员的平均年龄是 35 岁左右。这与那些大型律所可不一样，对后者而言，更多的律师和更多的助理意味着，可以向客户收取更多的工时费。在私募股权这个领域，对于 10 亿美元的资产，可能只需要少数几个投资专家就能管理到位。有些公司可能喜欢组织更大规模的团队，但关键执行人员寥寥无几，而大型公司更倾向于实施扁平化管理，这就意味着，每个团队成员从投资交易活动中分得的利润，将会处于行业最高的那一档。大多数公司的做法是，每笔投资活动自始至终由同一个管理团队负责，尽管每个投资专家可能不会在每笔投资活动中始终伴随着同一个管理团队。在这个过程中，可能会涉及一些人员轮转，有些管理环节也会被拆分出来，由特定的团队负责，比如说财务团队或者专职运营团队等，但最终的投资责任和业绩考核依旧处于闭环管理的状态。团队内部钩心斗角的想法或者举动不会有什么市场。每个人都希望自己负责的项目能够创造实实在在的投资回报。为此他们必须结伴而行。

换一个角度来说，尽管私募股权公司采取了上面所说的金字塔结构，但在同一个交易团队内部，日常工作中的管理模式通常要扁平得多。每个层级的人员都各负其责，却并非泾渭分明。沟通的渠道能够始终保持顺畅，大家随时可以电话交流。每个投资交易团队设置都很短小精悍。如果两个合伙人共同负责某笔投资交易，那么他们的具体工作可能会有所侧重——稍微年轻一点的合伙人将负责日常项目管理，而年长的合伙人将做好咨询顾问。这样做的目的，一方面是鼓励员工对自己专注的工作领域认真负责，比如说做好基础数据分析等，另一方面是支持员工积极参与整个投资交易活动。通过这种方式，在代表投资者参与具体项目投资的过程中，相关人员的责任感也将油然而生。作为团队的一员，自然希望能够全情投入整个投资项目的管理。

—— * ——

面对一个全新的投资项目，交易团队的各个成员应当如何协作共事，才能碰撞出投资的智慧火花呢？首先需要搞清楚，创造出本次投资交易机会的因素有哪些，无论这些因素是偏离还是契合主流的认知，交易团队都要以此为基础，围绕价值创造这个目标，沿着之前开辟的道路继续探索前行。对业界头部企业来说，它们一开始就能够做到统一思想，明确执行方案，让每个团队成员都清楚，开展这笔投资的缘由何在，做好投资的关键因素有哪些。

在评估一个潜在的投资项目时，投资专家的思维过程大体是这样的：

1. 我们认为，不论被投资公司已经是一个成熟的市场参与者，还是未来有望成长为行业标杆，其收入、成本、现金流和资产等将发生这些变化……
2. 如果通过某种方式投资大笔金额，并对被投资公司做出某些改变，同时与高素质的管理人员加强合作，继续保留那些经验丰富的董事会高管，通过某种方式融资并做好税务筹划，然后按照这种投资叙事，把该公司卖给其他人，从而在一定的时间内，从当前的价值洼地和未来成长增值之间赚取投资收益。
3. 从分析潜在投资机会到落地具体投资行为，从支付投资价款到投资退出时所能达到的投资增值，这个过程，也最终确定了在整个交易活动中，投资者所托付的资金最终将呈现出怎样的潜在增值轨迹。在最终变现之前，这个过程可能要延续几年的时间。

在一个投资项目的整个生命周期当中，对于被投资企业经营状况，管理团队的认知程度在一步步深入，为了改善其财务指标，新的创意也在不断萌发。以这些工作为基础，管理团队需要对上述过程开展多次评估，从而进一步明确最终的投资价值所在。投资委员会需要实时更新，或者按照每年至少两次的频率开展后续评估，如果该笔投资面临困难，或者受到一些重大因素的影响，比如说出售某个业务板块，或者公司面临上市，或者聘用和解聘高管人员，在这种情况下，相关评估的频率就更加频繁，评估的内容也将更为深入。当然，合作伙伴的投入将帮助交易团队更为聚焦投资活动本身，从而为投资者创造更好的投资回报，这也将有利于私募股权公司本身的业绩表现。

纵观投资活动的各个环节，交易团队需要竭尽全力，力争在投资本金不受损失的同时，推动公司价值不断增值，从而在最终退出投资的时候，能够获得更多的收益。一方面是商业计划书里设计的业绩表现，另一方面是公司此前制定的投资预算；一方面是公司战略的成功运作，另一方面是现实取得的经营业绩。为了实现这些目标，私募股权公司要与被投资企业展开深入交流，交流的对象囊括了其管理团队、董事会以及投资委员会等方方面面。在交流过程中，各类层出不穷的问题都被深入剖析和系统重构，思维碰撞过程中的各项空白，经过打补丁式的辛勤工作得到了有效弥补，被投资企业的业务发展前景也变得更加清晰，投资者的信心也得到极大的增强。

在投资过程当中，每名投资专家都会做到通力协作，因为投资的目标是为投资者赚取投资收益，让所有人共享投资成果。投资的目标，是针对那些有价值的投资项目，力争获得最大的收益，而对于那些认识不清、准备不足的项目，尽量敬而远之。私募股权投资并不是风险投资。“面对一些聪明的创意，让我们谨慎思考一下，投入真金白银后，总会有人大赚一笔，也有人亏得一塌糊涂，这些情况都很正常。”私募股权所秉持的投资理念，就是对每一笔投资，都要力争获得成功。

面对一个新的投资项目，如果投资委员会通过讨论，发现其有利可图，合伙人就会适时介入推动一把，通过头脑风暴，研究如何才能最充分利用该投资项目，为公司更好地创造价值。对于一个正在进行中的投资项目，如果投资委员会展开讨论，分析该笔投资在获批或者投资者资金注入的时候，交易团队当时的许诺与实际投资当前的进度有差异，此时私募股权公司就会以严苛的态度，核查该笔投资是否按预期进行，投资回报数据是令人满意，还是已经拉响了警报。私募股权投资专家已经把这样一套评估逻辑演练得炉火纯青，以至于他们对于各项投资希望达成怎样的投资业绩，几乎不会有疑问或困惑。

所有人都围绕共同的目标而努力，每个人都知道期望的投资回报是什么。

行文至此，让我们按一下暂停键，一起看一下以真实案例为基础改编的某个虚构情景。

—— * ——

时间是 2017 年。对那些最聪明的对冲基金投资人和华尔街银行家来说，他们心头一度最宠爱的“制药公司”（Pharma Corp），在过去12个月的时间里，市值跌去了80%不止，公司股东近1 000亿美元的资产烟消云散。但是，该公司依然掌握着一些基本药物最重要的药品专利，相关生产活动也仍在持续。其中，许多药物家喻户晓。然而，这家一度充满传奇色彩的老牌公司，如今的发展前景看起来一片黯淡。

制药公司把每个能犯的错误都犯了一遍。公司的业务模式，主要是在市场上快速扫货，大量并购医药公司，把这些公司的研发成本压缩到极致，从而获取相应的现金流，同时对患者及其保险公司实施大规模药物涨价。这种做法是否合法尚待探讨，但通过这种方式经营一家医药公司，属于一种极为激进的商业模式，这一点毫无疑问。

在美国，已经有律师以哄抬物价的名义将该公司诉至法院。公司的会计处理政策也被拿出来，与安然公司①的做法进行类比。当公司将总部从美国迁移至开曼群岛之后，社会各界普遍认为这属于逃税之举。少数精明的投资者宣称，该公司的资产负债状况难以为继，其债务负担——在经历了多轮杠杆并购之后——已经极为致命。作为一家制药公司，长期以来不重视医药研发的做法已经令人反感，尤其是公司还肆意挥霍，购买湾流私人飞机供首席执行官私人使用。由于市面上没有仿制药可以替代，该公司在许多医疗条件下享有药品垄断地位，然而时至今日，这种垄断地

① 安然公司因财务造假而破产倒闭。——译者注

位带来的优势，变成了限制其发展的沉重枷锁。曾经对公司股票满怀信心的一些知名对冲基金，如今却遭受巨额亏损，其中一只对冲基金，亏损已经达到 10 亿美元。更为雪上加霜的是，网飞公司出品的一部关于制药公司的纪录片，引发了该公司前高管对它发起的腐败指控。

与此同时，就在离中央公园几个街区的地方，西格拉姆大厦第 55 层，大基金公司早已经下好了先手棋……

中午刚过，大基金公司的投资委员会正在向一位经验丰富的合伙人及其交易团队射出一颗颗质询的子弹，就好像他们是在罗马斗兽场为生命而战的角斗士一样。这一场质询已经持续近两个小时，这是该交易团队所面对的第二场，也是最后一场演出，在此之后，公司将最终确定，他们正在讨论的这个潜在投资项目将面临怎样的命运。

过去的三年时间里，公司交易团队一直在关注，如何在不承担新药研发风险的情况下，对医药行业进行投资并从中攫取相应的利润。鉴于新药研发成本过高，他们对此有清醒的认识，不想在这些领域或者高校科研等部门做大笔投入，以避开与行业巨头之间的正面交锋。交易团队一直低调地关注着制药公司以及其他类似企业的动态，关注到这些企业提升了部分特定药品的价格，他们认为，这类秉持价格驱动型发展战略的企业，并不属于合适的投资对象。这种战略过于冒险。即使从道德层面来说，贸然投资该领域，也很容易受到社会大众的攻击或质疑。

与此相反，面对这样一个市场规模超过一万亿美元的庞大产业，交易团队一直在寻求医药行业细分市场领域的投资机会。市场上肯定存在符合私募股权公司风险偏好的投资领域。这位合伙人专门聘请了医药领域的资深专家，帮助公司透彻分析各个投资方案的差异。其中一些专家可能会在投资交易成功完成之后，继续参与公司的管理团队和董事会工作。交易团队组织召开或参加的培训会议、行业交流会议以及与专家的视频会议，累计下来已经有几十次之多。对于行业的各类数据、经营和财务指标，他们已经从能够想到的各个维度进行了全面系统的分析。对于每一个医药产品的运营模型，交易团队已经反复分析了好几个月，对于不同市场情景之下的财务表现，交易团队也一直在反复权衡，评估潜在的风险收益状况。

交易团队聘请了监管顾问，以对市场不利状况所产生的影响进行量化评估；技术进步也被纳入考量，比如说制药科技的发展、新的诊疗工具的研发等，对于特定医疗状况下某些药物的分发使用，将在多大频率、多大程度上发挥作用；对消费者行为和竞争对手行为的变化趋势进行定性分析；以“零预算”为基础，对目标公司的运营成本结构进行彻底重塑；对公司的药品生产合同和销售合同进行调查分析；面对竞争对手的成功经验和失败教训，交易团队也都详细加以研究，以便彻底搞清楚赚钱或者赔钱的根源所在。同时，对其他行业的同类案例也进行了分析——比如说，哪些行业拥有能够持续创造收入的资产？这些资产是否可以通过进一步改进营销方式，从中攫取更多的现金流收入？电影库或者音乐曲库是否属于这一类资产？

为此，交易团队一直在不停忙碌，就好像他们即将面临一场不容有失的考试一样。每个投资项目的资料都有 100 多页之厚，但在向投资委员会汇报时，相关介绍依然可以做到简洁明了。

合伙人总结道，交易团队对两个不同寻常又令人信服的投资方案比较感兴趣。两个方案都比较复杂，都不是立竿见影的。接下来，就进入了从某种意义上来说更加折磨人的环节，投资委员会将围绕交易团队的这两个方案进行讨论和评价。最终，投资委员会将做出决断，就如同众多交易决策总是要花费极为冗长的时间才能最终达成一样。而糟糕的投资方案将以更快的速度被大家否决。

第一个方案是，通过与医药行业巨头进行协商，将其集团中的旧药品、过气畅销药品等失宠业务剥离出来，对于此类产品投入少量资金进行市场营销，也会拉动产品价格的小幅上涨——每年几个百分点的水平。这些药品并非处于市场垄断地位，因为低成本的仿制药确实存在，但该公司的品牌效应足够强大，能够轻松留住一大部分市场客户。这些失宠业务只能卖出较低的售价，因此面对大基金公司提出的报价，这些行业巨头通常能够接受。那些专注于药品销售流程的管理者，不喜欢在具体合作条款上斤斤计较，而是更希望推动交易尽快达成。他们所在的公司更专注于医药研发活动，以尽快寻找下一个万亿美元级别的新药赛道，而不愿意围绕那些明日黄花修修补补，想方设法开展定价和营销等业务活动。对深谙此道的私募股权公司来说，行业巨头能够抱有这种想法，可谓正中他们的下怀。

因此，通过汲取制药公司失宠业务的失败教训，对此进行系统地梳理提升，推动其成为合适的投资目标，最后将其以一定的溢价卖给其他投资者。在这个过程中，交易团队敏锐观察到其中蕴藏着无与伦比的投资机会。

第二个方案是，收购债务缠身的公司，比如制药公司及其同类公司。由于公司的某项具体业务出现问题，或者市场认为这些公司制订了与制药公司类似的商业发展计划，发展前景堪忧，引发问题连锁反应，导致这类公司的股票出现大幅下跌。

事实上，不论这些公司最后是重回健康运行的轨道，还是需要实施重组，其底层资产的价值都是切实存在的，而这些价值最终得以实现的关键，就在于包括债务和债券等在内的公司资本结构。长期以来，金融市场一直关注对冲基金在该领域的损失状况，以及美国立法者即将对该领域采取更严格监管的动向。这些诱发了“风险规避”的市场情绪，从而进一步压制了相关产业的市场估值。对大基金公司来说，如果能够快速行动，就能够打折收购这些公司的债务——这一切都需要悄无声息地进行，需要在其他投资者脑子里还充斥着制药公司股价萎靡的市场信息，还没有完全觉察醒悟的时候进行。

这样一来，大基金公司作为不良债务的投资人，就能够通过加速债务偿还或者推动实施债务重组，控制被投资对象的经营决策，或者至少对其产生重大影响，而这一切都符合投资者的利益关切。在这个过程中，目标公司的问题将得到化解，投资者也将获得相应利息。

第二个投资方案的设计理念，并不仅仅是折价购买不良债权，然后预期其价格回升到票面价值，尽管如果这一切真正发生了，这项投资依然是有利可图的。该方案的具体设计，是针对公众眼里一文不值的垃圾资产，量化分析其中蕴含的监管风险和政策风险，充分借助当前的市场情绪等各方面因素，精心设计出最为巧妙的投资模式。大基金公司会反复权衡应该采取哪些明智的投资行为。如果换成市场主要竞争对手，他们会如何行动？

最终获批的投资方案其实有相当大的灵活性。如果需要对某些方案条款进行微调，交易团队根本不用等到下周再做请示，他们只需要向公司创始人以及最为资深的合伙人进行咨询，请他们实时决定就行了。当有必要快速反应的时候，大基金公司完全可以做到及时反应。

在理想的状态下，该笔投资应当成为里程碑式的投资行为，宣示着大基金公司已进入这片全新的业务领域。他们不需要开出最高额的支票，但必须被投资者及竞争对手认为极具创意和有头脑。大家都不希望进入新的业务领域的第一笔投资因交易条款而被人质疑，或因交易策略而遭受批评。呈现在社会公众眼中的投资，必须是灵活睿智的交易行为，以至于其他投资者也希望自己具备相应的智慧和本领去开展这样的投资。

类似的投资项目成功完成几笔之后，大基金公司在医药行业就构建了一个初始投资组合。投资所用的资金，可能是现有的私募股权基金，也可能直接来自投资者的账户。这些资金往往通过特殊目的公司进行包装运作，在这个过程中，大基金公司充当了资产管理人的角色。这就是所谓的“储备资产”（warehousing asset）的概念。大基金公司可以此作为某只特定基金的起步资金，把这些资金作为某只大型旗舰基金的子基金。就这个案例来说，这笔专项基金就属于生命科学母基金的组成部分。

—— * ——

本书中我所介绍的一系列事件，主要受私募股权投资专家的启发，他们能够积极发掘投资获利机会，并认真思考：“我怎么才能明智灵活地做到这些呢？”随后，他们就会通过精确推算和不懈努力，落实每个细节，直到目标最终实现。

这就是私募股权公司内部的运作机制。私募股权公司起初设计出一项投资主题，或者正如这个案例那样，分析一系列市场状况，试图从中发掘出创造价值的投资机会。由投资专家构成短小精悍的交易团队，将会接手该投资项目，并做好后续跟踪执行，直到他们的同事关注到这个领域，对其展开评判并帮助他们找到正确的投资方案。在头部私募股权公司中，他们所要负责的行业投资项目，具体金额从上亿美元到数十亿美元不等，当然这一切都需要借助投资者委托给他们管理的资金。他们必须了解目标公司的业务状况、财务状况、管理团队以及竞争对手情况。他们也必须了解相关行业的典型投资案例，以便向投资委员会介绍情况时，能够帮助后者从中吸取有价值的经验教训，并坦然面对他们挑剔苛刻的提问。他们还必须与相关行业保持实时联系，掌握最新数据信息，这种状态要持续多年，直到他们最终获利退出。在这个过程中，没有任何一个环节是轻而易举的。

但是，签发投资指令也仅仅是投资活动的开始，而远非结束。在投资目标被出售之前，投入的资金是被锁定的。交易团队要持续跟踪投资项目进展，关注那些让投资委员会信服的投资事由，而这只是艰苦工作的开始。他们需要按照季度开展这项工作，甚至是按月操作，风雨无阻，从无例外。在这个过程中，他们需要适时提出调整建议，及时查改有关失误，同时还要巧妙躲避各种潜伏的地雷和暗礁。

重要的是，交易团队会对业务经营人员，也就是公司管理层，进行评估。是不是还有人没有吃透发展规划，工作不够努力，没有主动听从意见建议或者及时反馈相关需求，从而导致数据信息掌握不充分，行业认知不深刻？我们可以改进哪些岗位职责，如何才能以最低限度的干扰来做到这些？是当众宣布，还是退而求其次，采取法律诉讼手段？最重要的是，交易团队需要围绕工作流程，持续研究加以改进，从而确保自始至终一切都没有偏离正常的发展轨道。在交易团队所并购的上市企业中，只有那些最优秀的企业才有可能做到这些——前提是迅速采取措施，且只针对一部分员工。

这项工作，也就是所谓的投资组合管理，它是为一笔投资自始至终提供指引的“挪亚方舟”，这一指引涉及董事会级别的讨论，更重要的是，也涉及与管理团队的工作小组会议，以及交易团队内部的激烈思想碰撞。大体来说，私募股权投资管理工作的通常惯例是，1/3 的工作属于前期铺垫，1/3 的工作属于投资组合管理，1/3 的工作属于获利离场。每一笔投资可能有所不同，但通常来说，这种惯例与现实情况已经相当接近，同时这一惯例也再次让我们知道，在绝大多数情况下，从投资发令枪打响到最终抵达终点线，整个投资过程中几乎没有可以让人停下来喘息歇脚的机会。私募股权基金对投资对象经营管理的调整，以及为改变某笔投资状况而实施的干预，都属于上述理论的具体运用。正是由于这一理念，才为私募股权管理体制下投资运作的不凡表现奠定了坚实的基础。

从投资买入的第一天起，私募股权公司就把卖出离场作为首选的投资目标，对此没有什么可值得回避的。这种思路也是投资方案的一部分，属于逆向投资思维的组成内容，也就是要从考虑可能存在哪些潜在的赚钱机会，转换到从一开始就思考清楚，应当采取哪些措施才能让该笔投资变得有利可图。如何才能获利离场，以及从更高的层面来说，如何将私募股权投资转换为实实在在的现金，这种思维风暴是一项复杂的系统工程。

纵观私募股权基金投资的整个流程，可谓是既跌宕起伏，又独一无二。对于年纪轻轻的投资管理人员来说，只有通过私募股权投资这个行业，他们才能有机会对被投资的市场机构施加如此大的影响，并与其他公司的高管人员和业界精英并肩奋斗，针对全球不同领域的产业，憧憬擘画其未来发展的广阔蓝图。在这种环境下，年轻的投资管理人员可以让自己的影响力遍及各家企业、广大消费者、投资对象所触达的社区、供应链上下游以及自然环境等各个领域。当你坐在纽约曼哈顿和伦敦梅菲尔的高档办公室里的时候，你的思绪将伴随着私募股权投资活动的逐步推进而起落，面对私募股权投资这种粗糙生猛的洪荒伟力对各行各业所带来的巨大冲击和改变，你将不由自主地既倍感激动，又满怀敬畏。从这个角度来说，一旦投身于此项工作，其他职业都将难入你的法眼。

这种巨大的反差也体现在赚钱能力上。对私募股权从业者来说，金钱回报是他们最为看重的激励手段之一。在下一章里，我们将深入探讨这个话题，着重介绍一下私募股权投资决策架构权力集中的情况，以及私募股权公司中顶层的决策者——他们是这个行业的精英。

第三章

幕布之后　权杖在手

今天是戴维加入大基金公司的第一天。时值 12 月初，阳光明媚，空气清冽，屈指算来，金融危机的硝烟已经散去了整整一年的时间。上午 7：30，戴维从距离西格拉姆大厦不远处的地铁站出来，步行很短的距离就来到了新办公室楼下。路上寒风刺骨，但来到纽约最负盛名的摩天大楼脚下时，寒风似乎变得柔和了，仿佛大自然在这里设下了无形的结界。这位年轻有为的投资银行家，此时刚刚从中城区来到华尔街，以投资助理的身份加入大基金公司，成为这家投资机构最底层的一员。就在迈入大楼的时候，他抬起头看了看天空，映入眼帘的是一面凹进去的深色玻璃和石灰岩包裹的外墙，墙面一直向上延伸，顶端直冲云霄之上。他满怀感激之情，心中默念希望自己能够收获好运。在他看来，以及在他的金融圈朋友和同事看来，他已经成功地加入了上流阶层。事实也是如此。

门口的旋转铁门硕大无比，但是和整个宏伟的大楼一比又相形见绌。大楼的安保措施同样十分严密周全。十几个身穿黑色西装、头戴耳机的大块头，在大厅里来回巡逻，长方形的双人前台的两侧，还有更多的保安伫立在安保的定点位置上。戴维紧走几步，迈过几级台阶，来到了登记柜台前。作为新入职的员工，他看到了四位跟他一样的同事，都在等待签到打卡。总计有五张不同的面孔，包括一位来自西欧的女士，三位美国白人，还有一位亚裔，也就是戴维自己。

从沃顿商学院毕业之后，作为班级最优秀的毕业生，戴维在高盛公司的并购业务部工作了两年，在这里，他积累了扎实而宝贵的金融行业工作经验，并成长为一名明星金融分析师，之后有幸加入了大基金公司。为此，在超过两个月的时间里，他先后接受了20多名高级投资专家的秘密面试，回答了无数有关案例分析、财务模型以及个人方面的问题。他认为，最好的回答是从心底给出的答案，回答必须简洁清楚，绝不能拖泥带水，只有这样，面试官才会轻轻点头表示认同。他还发自本能地避免刻意遣词造句和打官腔，因为他心里很清楚，未来的老板极为讨厌这种做派。

大厅里突然一阵骚动，戴维看到保安脸上都露出了笑容。这时，一个身材高大的男士，大约50岁出头，穿着一套藏青色法兰绒西装，外面罩了一件厚厚的大衣，正悠然穿过大厅走廊，全然忘记取下脸上定制款的折叠式佩索太阳镜。他大步迈向黄铜裱装、红色地毯铺就的空无一人的电梯，在大厅中央两根石灰石材质的柱子中间，这样的电梯总计有20部之多。6名华尔街的高级银行家正站在一起，也在等待同一部电梯，看到这名男子走过来，6 个人马上自觉站在了一侧。尽管是新入职的员工，戴维还是立刻认出了这名男子，明白了为什么大家会为他让路。他正是这家大基金公司的创始人。作为极具远见的创始人，他已经成为投资界的传奇人物，个人身家超过 30 亿美元，并且还在持续增加。

把时钟拨回到一个小时之前，就在戴维离开他那坐落于纽约东村的一居室公寓之前，他再次浏览大基金公司的网站，寻找可能在上班第一天出现的最新消息，哪怕只是匆匆一瞥。他回忆起一年之前，向大基金公司投递简历的时候，第一次浏览该公司网站的情景，他不禁立刻意识到今昔反差之大，如今公司的投资已经遍布全球各个角落，几乎覆盖了一个人所能想到的各个领域，涉及每一个主要经济体，同时在一些规模稍小的市场也有许多投资。他清楚地知道，自己入职的公司，已经是一家不同寻常的机构，拥有数千名精挑细选的员工，业务遍及全球主要大陆板块。他的同事把数十亿美元的资金投向了众多行业部门和产品条线。他们高居资本之巅，就如同一个超级巨无霸，成为国内生产总值（GDP）不断增长的一个重要推动力。如今，他自己也将成为这些人当中的一员。

大基金公司的网站设计可谓是费尽心思，配图和文字都经过精心编辑，着重介绍了其在推动社会公益事业发展等方面的贡献。具体的表述，涉及重视职场多样性、参与公共治理、助力可持续发展、加强与社区的联系、应对气候变化、积极参与社会公共事务等方面的内容。公司被评为全美“最佳雇主”之一，网站上列示了证书奖章。通过网站的介绍，我们可以看到大基金公司致力于改善市场主体的经营状况，尽职履责为普通大众管理好资金。职业道德要求、企业文化观、价值观和诚实守信等被放在网站最靠前的中心位置。那天的清晨，当浏览这些图片和文字介绍的时候，戴维脑子里所充斥的，是严格遵从职业操守，一心一意为投资者提供帮助。这些以退休人员为代表的投资者，他们的养老金属于一切运行的重要基础，绝不能有任何闪失。正如网站所呈现的那样，大基金公司把使命驱动作为自身的经营逻辑，也就是作为一家营利性机构，将服务养老金体系作为自身运行的重要使命，为退休人员和公司股东创造价值。尽管网站上的图片都是精挑细选、认真打磨过的，但不容否认的是，公司的这一使命愿景也是真挚诚恳的。

网站上所展示的公司组织结构图，属于一家头部的私募股权公司典型的组织形式，董事会成员囊括了金融领域和政界精英为主体所构成的非执行董事，以及任职于公司各个职能部门的执行董事，还包括从行业中精挑细选的重量级咨询顾问。组织结构图上列示的，还包括政府事务、环境治理、宏观研究、法律合规、风险管理以及其他的核心岗位人员，他们以投资专家的身份，与董事高管并排展示在同一个层级。实际上，全职非投资专家的数量要大于投资专家，二者数量之比大约是 2∶1。综合来说，这群投资专家可谓星光熠熠，他们并排展示，看起来就好像是金融界和企业界的联合国代表一样：所有人都仪表堂堂，成长背景广泛多元，管理经验十分丰富。各个层级的委员会共同拼成了公司组织结构的完整版图，其中既包括业务经营委员会，也包括投资管理委员会。这一人员名册的具体构成，同时给人以去中心化的感觉，彼此之间的互相制衡随处可见，类似情况，在一家掌控数千亿美元资产的跨国企业的组织结构中，也可能见到。

在工作的第一天，戴维已经感觉到，一切并不像表面上看起来那么简单。当然，这一切都是真实的，没有任何伪造，网站上所有信息都准确无误，但是透过这层表象，下面隐藏着更多有关这类业务运行的具体内容，也就是私募股权公司的幕后运作。私募股权公司的具体运作方式，不像一家企业，甚至也不像一家大型公司，而是像一家规模不大、紧凑高效的事务所。此前就已经有人告诉过戴维，相比于其他资产管理行业，私募股权公司的员工在某些方面更显平等，这种状况对私募股权行业的运行产生的影响要更为深刻一些。在接受面试的时候，他就已经感觉到，私募股权公司的决策流程更为集中，决策权力也更加集中。他知道，也许正是这种情况的存在，才使得私募股权投资取得了优异的投资业绩。

对此，戴维不禁陷入了沉思。时至今日，也许这种情况所造成的影响，已经变得比以往更加让人捉摸不定。当然，这也是戴维那些已经从事私募股权工作的朋友们告诉他的。但现实情况就是，私募股权投资决策仅仅取决于少数几个聪明的大脑，这种情况如今已经十分普遍。随着资产管理规模的增长，相关人员肩上所承担的责任也在同步增长。

一家通过各种投资策略管理着数百亿美元资产的私募股权公司，其投资管理人员可能有200名，最新的私募股权基金规模，比如说有200亿美元用于投资，此外还有100亿美元的资产需要尽快卖出离场，以确保投资收益落袋为安。这样算来，私募股权公司的资产管理规模总计有300亿美元。戴维知道，这300亿美元的买入和卖出等重大资产配置决策，最终将仅仅由20名投资管理合伙人来决定——这个数字与实际情况差异不大。投资者的300亿美元资金的运作和管理，完全依赖于少数高级投资专家的判断。

新入职的戴维知道，要想理解私募股权投资真正的运行逻辑，必须首先了解推动这套体系运行的人员，比如说大基金公司的管理者。戴维必须格外关注那些隐居幕后的行业大佬。

—— * ——

接下来的三个小时，作为员工入职培训计划的一部分，戴维坐在枯燥乏味的会议室里，浏览各种信息数据和政策规定。自从公司首次公开募股（IPO）以来，新员工首日入职培训这一项安排就变得越发正规起来，公司会向新员工正式介绍有关监管规定、员工行为、礼仪规范、公司规定、费用报销和其他重要而枯燥的信息。人力资源部的同事把公司的组织结构图发给大家，在看过这些之后，对于公司监督团队和支持团队的强大，戴维尽管已经有所预期，但还是感到十分惊讶。

戴维努力想把这一切信息都刻在脑海里，但面对会议室墙壁醒目位置上挂着的一把华丽古老的来复枪，他还是忍不住放任自己的思想神游天外。他不禁想到，墙上这把代表了自由精神的老式单发火药武器，与自己正在了解的现代市场机构，二者的反差是如此显著，其中到底蕴含着怎样的深意。模拟的发射器，明确的目标，火药的配方。瞄准，射击，命中。他想，有人花了一大笔钱来买这些枪弹，把它们挂在墙上展示，总得有目的或动机。对于自己的职业野心，戴维从不后悔。他来自一个工薪家庭，除了深入骨髓的艰苦奋斗精神，他可谓一无所有。毕业之后，通过没日没夜的拼命工作，他终于获得了步入精英阶层的机会，并成功站稳了脚跟。他发誓，要不惜一切代价取得成功，改变自己的命运。

公司向戴维发出录用通知书，当时确定的年薪为 15 万美元，公司人力资源部主管提醒他说，在投资专员这个岗位的申请人当中，只有不到 1% 的幸运儿能够得到录用。听到这个消息，戴维不禁又沉思起一个具有讽刺意味的数学问题：只有不到 1% 的申请人有机会加入这个精英圈子的最基层，同时，这个圈子又占据了全社会净财富的 1% 。他的许多朋友都申请了大型私募股权公司的类似职位，尽管他内心无比坚信，自己绝对是够资格加入这个阶层的，但他还是被身边那些非常有权势的人吓到了。

—— * ——

上午 11：00，入职培训终于告一段落，戴维迅速进入角色，开始接手自己入职后的第一个项目，当然，这些都离不开合伙人的指导，但合伙人也只能利用日常投资管理工作之余的时间进行指点，以便新入职的基层员工参与投资管理活动中。这个项目的内容是战略规划，需要直接向公司创始人汇报。一开始，戴维对这项规划活动感到有点迷惑。规划并不属于投资交易活动。这项工作的具体内容，就是更新一个名为“终极游戏”的项目进度。目前，这个项目还处于持续推进的状态，按照每六个月一次的频率，由公司最具创意的几个合伙人牵头，对这个项目进度进行梳理和改进，此外，其他专注于公司运营和代表公司对外发言的几位合伙人，对这项工作提供协助。该项目的目标是探寻最优的操作路径，推动公司实现资产管理规模和投资收益的最大化——在竞争对手留意之前，提前发掘市场机会——并坚定落实这项计划，推动其为公司创造价值。计划实施的时候，必须避免任何市场扰动，尽量避免被竞争对手抄袭。这项战略规划的保密程度极高，为此，公司要求在未经允许的情况下，戴维不得与任何人就此进行讨论，即使是跟他一起新入职的其他几位投资助理也不行。戴维严格遵守了这些保密要求。

戴维与其他新入职的员工一起被安排在一间办公室内，他们的工位呈矩阵式排列，看起来就好像是机舱里面那些精密复杂的机器设备一样。各间办公室环绕楼层布局，其中最大的办公室可以俯瞰中央公园的迷人风光，而最小的办公室则连个窗户都没有。办公室的装饰充满现代气息，同时也有点千篇一律的感觉，视听设备随处可见，还有一间巨大的自助餐厅，其中满是珍馐美味，24 小时全天开放，但办公室里的家具已经有些磨损。种种迹象表明，作为业界传奇的大基金公司，几年之前买入的这座大楼及其设备一度是什么样子。当时，这些资产的卖家，是安然公司或是其他曾被市场欢迎而后爆雷的大公司，这些公司面临破产，正如同热锅上的蚂蚁一样急于筹集资金。

市场传言，当时大基金公司的创始人亲自下场，参与了交易谈判，仅仅以两折的价格，就把急于出手的卖家货架清扫一空，包括大楼的 50 年租约以及名贵家具。而卖家的前景一片黯淡，其公司高管正面临牢狱之灾。

办公室的所有设计，从装饰外观到使用感受，都展示了这是一家一流公司，鼓励大家勤奋工作，以工作成果作为评价标准。这种设计风格也影响了员工的形象。一整天的工作时间里，每个人都板着一张脸，即使是在分享笑话的时候。他们的每个表情都像是精心设计的，每句话都是经过深思熟虑的。几个小时的工作过去，丝毫不见职场喧嚣。两个同事并肩走过过道的时候，名贵皮鞋敲打地板的回响，远远盖过了他们两人交谈的声音。某个合伙人可能会评论两句，让一小群人轻轻地笑起来，或者你还可能听见压低嗓音的“生日快乐”，或者其他祝福的声音，几分钟之后，这些声音也很快消散无踪。餐厅里，米其林星级美食以及本地著名的小吃，无一不彰显出办公环境的优越，这为员工就餐增加了些许温馨的感受。这一切都是公司的后勤服务，是为了充分体现公司的心意，确保各项服务与公司的地位相匹配。公司把每位员工都照顾得舒舒服服。

戴维的工位比较宽敞，机械式写字台价值不菲，可以自由升降调节，这样在他站起来的时候也不影响打字。这种设计就是为了长时间的加班工作，用不了多久，戴维就会适应这样的工作节奏。戴维的直接上司拥有自己的办公室，公司其他中层投资主管也是如此，不过这些办公室更像是一间间被隔板隔开的小空间，而不是那种宽敞豪华的办公室套房。主导战略规划项目的合伙人拥有一间正式的办公室，房间面积有前者的三倍大，公司其他 19 位合伙人也都是如此，这些办公室的三面都设计了自动感光的落地式玻璃窗，可以欣赏到全球最为昂贵的绿色美景——中央公园。投资助理的工位位于其主管旁边，他们聚在一起，不停地为影响全球经济增长的交易接打电话，整理日程。VIP 客户和高级投资主管不时穿过楼层，聚集在合伙人的办公室或者某间会议室当中，面对面进行交流。这边是政府参议员，旁边那位是《财富》全球 500 强企业的 CEO；这个星期要与某位科技企业创始人交流，下周要与好莱坞大佬碰面。这里是众人仰慕的工作场所，其影响力不仅限于金融机构，可能所有的大型商业机构都会受到它的左右。

公司合伙人与大家游刃有余地自由互动。他们很接地气，举止行为像在自己家里一样松弛。毕竟，他们是在自己的地盘上。他们很喜欢与交易团队进行即兴交流，了解投资项目进展，指导他们解决工作中遇到的难题。合伙人都能秉持开放的态度和放松的心态，他们乐于保持这种状态，既不会因为困难而沮丧，也不会错失任何投资机会。晚些时候，大家会相互开开玩笑，交流一些八卦消息。为了打破彼此的隔阂，合伙人会不时地讲几个诙谐的段子。虽然合伙人很轻易地与大家打成一片，但不意味着所有人都能够平起平坐——这既是公平的，也是可以理解的。合伙人的言行举止并不像是摇滚明星，合伙人之所以与众不同，是由于身份地位、过往的工作业绩，以及他们选择继续按照自己想要的方式工作。他们中有许多人本来可以早早退休颐养天年，但那样的生活方式过于平淡乏味，没有合伙人会喜欢。

戴维注意到，当合伙人出现在周围的时候，一些同事的后背就会不自觉地挺直，说话的声音也会更加振奋，表情看起来会更加严肃，语言表达也会组织得更加周密。每个人都更加小心翼翼，更加简洁明了，更加主动积极地推动工作。这并不是故作姿态，而只是更加细心周全罢了。但是，戴维和他那些新入职的同事都很喜欢这种状态，喜欢这种工作节奏所蕴含的巨大能量，喜欢这种目标明确、积极进取的工作氛围。每一天，当夜半钟声敲过，戴维和其他年轻的同事坐上出租车，回到自己的小公寓，他们虽然已经精疲力竭，但满脑子想的还是工作。他们会不断告诉自己，这里才是最理想的工作选择。这就如同华尔街版的《白宫风云》。在金融行业，没有任何工作能与这项工作相媲美。

公司内部员工之间的交流有三种方式。无论级别高低，面对面的交流最受推崇。在70%的情况下，交流内容过于机密，不方便永远存储在网上。轻轻敲一下主管的办公室窗户，请求交流几分钟，这本身就体现出对话的重要程度，绝非浪费时间。如果没法面对面沟通，那也可以通过电话交流，前提是注意做到言简意赅。同事之间的胡侃闲聊毫无意义，而那些不提前准备就上门交流的行为，则属于浪费时间。最后还有一点，如果真正需要的话，也可以通过电子邮件进行沟通，但要注意避免堆积非建设性的内容。在上班的第一个星期，最令戴维惊讶的电子邮件是他的主管发来的，内容只有短短几个字："来聊一下。"

除此之外，通常还可以借助内部通信软件，方便交易团队内部和团队之间进行有效沟通。团队也会评估每种沟通方式的优缺点，当单笔投资金额高达数十亿美元的时候，如何表达观点以及听取意见，就变得十分重要。

投资机会一旦露头，相关工作职责就被立即分配下去，具体的工作将安排给那些勇于挺身而出的积极分子。明确了工作顺序之后，戴维就可以自己掌握进度，借助内部通信工具，反复与上级同事沟通确认，这样做有助于顺利推动项目进度。由于工作任务要求极高，截止时间极为紧迫，戴维根本不敢浪费时间，即使有心逃避工作，也根本无法做到。要么按期完成工作任务，要么自认失败，没有任何中间路线可言。面对如此明确的工作要求和极为紧迫的时间安排，加班工作到半夜三更是自然而然的事情，根本无须头顶上那些闭路电视进行监视提醒。面对这样的工作任务，不用催促，你就会把自己逼到极限。

戴维所在的项目团队有三名组员，他们每天早晚都要开会，交流项目进度，分配工作任务。团队鼓励戴维积极发问、唱反调，鼓励多方探讨、相互辩论。这种工作氛围令人耳目一新。合伙人向大家强调说，这项工作不仅仅是审查公司的商业发展规划，也不仅仅是对公司的战略规划进行更新。自从IPO以来，大基金公司的创始人和合伙人已经清醒意识到，资本市场更关注的是公司所收取的较为稳定的管理费收入，也就是2%的那部分收费，反而不那么重视额度更高、波动较大的业绩报酬，这部分费用只有在投资收益变现之后才能收到，也就是20%的那部分提成。大基金公司股价的起伏升降，在很大程度上取决于其依照长期合同定期收取的管理费，随着公司资产管理规模的增长，收取的管理费也同步增长，从而使得股票对公开市场投资者的吸引力也有所增强。当然，由于基金投资业绩比较好，以往公司所收取的业绩提成也都不错，但对公司股价来说，这些历史业绩属于锦上添花式的利好，无法成为拉动股价的坚实根基。对股票市场来说，2%的管理费才是最值得关注的。20%的投资利润分成也很重要，但并不能旱涝保收。

直白来说，大基金公司的股价，既取决于其名下管理资产的增长速度，也取决于这些资产的业绩表现，两方面因素的重要性不分上下。基金的投资业绩必须持续显著高于行业基准，而无须超越基金本身的历史表现。由于承担了不成比例的风险，使得基金在每个评估期内都取得不菲的投资业绩，并不会把公司股价拉升到多高的水平上。

虽然大基金公司员工人数在不断增长，尤其是考虑到如今公司已经上市，中台和后台部门也在不断扩张，但公司员工人数的增长速度，依然赶不上资产管理规模的增速。这就意味着，受益于资产管理规模的扩张，大基金公司所收取的管理费也在不断增加，从而推动公司利润不断扩张。这为大基金公司提供了经营杠杆。

私募股权行业的几大巨头都意识到了这一点。大基金公司希望能够独辟蹊径。当然，这家公司也会像其他公司一样行事：开发跨行业、跨地域、跨产品的新基金策略，通过这种方式，为公司的资金募集打造动力充沛的驱动引擎。通过这些措施，能够将投资者的资金有效吸引进来。大基金公司也将继续尽职履责，确保投资业绩不会下滑。但这些只是常规操作。该公司下决心要开拓业务范围，努力将自身打造成与众不同的业界标杆，不是仅仅满足于管理几千亿美元的资产，而是期望在未来 10 年时间里能够跃升至近万亿美元甚至更多。戴维目前已经在收集整理大基金公司的相关数据，规划这项战略的实施路径，分析其对公司发展前景的影响。

—— * ——

戴维牵头承担的“终极游戏”项目，主要由两部分构成。这两项战略规划的目标，都是增加公司的资产管理规模，具体资金来源涉及养老基金、主权财富基金、保险公司、高净值家庭投资，以及最终争取个人投资者的资金投入。个人投资者目前还无法直接投资于大基金公司的产品。这部分资金属于尚未开发的蓝海市场，大基金公司预计，其资金规模可能高达数十万亿美元。

项目团队战略的第一部分，就是开发设计相应的管理平台，当投资者的资金需要清退或者赎回的时候，该平台不提供实时到账服务。也就是说，投资者的资金实际上是被牢牢锁定的。而对传统的私募股权基金来说，它们可能要在10年之后进行清算，到那个时候，基金必须把包括投资收益（扣除费用）在内的所有尚未分配的资金，全部退还给投资者。信贷基金的管理逻辑也是如此，或者该类基金可以与投资者另外签订投资安排，约定某个固定的到期期限。通过这种方式，基金运行就形成了一个可以预测的闭环，当现有基金接近到期日时，可以通过募集新的资金进行承接，从而实现二者的无缝衔接。随后，投资者就可以自由选择，是以同样的投资策略再投资，还是把资金挪作他用，继续投给同一家公司，或者投给竞争对手，抑或是两者都不选。资金退出路径十分明确，相关过程清晰透明，投资者对此也能充分理解。

但是，从私募股权公司的角度来说，私募股权基金约定了固定投资期限，到期之后该笔投资就会突然中断，这将会加剧公司所面临的不确定性。现有投资者能否再次拿出同样金额的资金用于投资？他们再次投入的资金会更多还是更少？会有新的投资人加入吗？对长期以来投资业绩一贯优秀的基金来说，即使其募资过程十分顺利，未来依然面临众多不确定性。竞争对手可能从半路杀出，把资金引流到其他更具吸引力的基金产品上去。由于受到道德约束、监管规定或其他不利因素的影响，基金公司的市场吸引力可能会逐渐消退，尤其是当公司最希望投资者快速做出投资决策的关键时候，可能恰恰就会出现上述情况。如果公司股票挂牌上市，市场可能不会因为私募股权持有的特许经营权而给予公司股价以完全认可，这是由于公司募集的资金往往伴随着固定的期限，导致了一定的不确定性——即使是相关合同规定了几年的展期条款。

相反，公司可以设计一只新的基金产品，明确规定这类产品可以永续滚动，从而通过“结构化方式”解决上述问题。在这种情况下，只要基金公司和投资者持续存在，那么相应的基金管理费就会源源不断地打到公司的账上。当然，在这个过程中也会有与基金业绩相关的提成收入。具体的计费标准，可能与“2 +20”略有差异，但无论如何，投资者的资金都被锁定在基金公司的管理名下。这种投资平台就是所谓的“永久资本”或“永续资本”，管理这类资金的公司通常也都是上市公司。

就大基金公司而言，戴维必须汇集公司内部关于这方面的创意，就这类基金产品的投资范围、盈利能力等市场机遇展开分析。目前，永久资本占公司管理资产总量的比重不足10%。戴维的上司告诉他，未来10年，公司的目标是把这个比重提高到50%以上。

这个想法是希望为大基金公司带来长期稳定的管理费收入，帮助公司及投资者节约时间，以避免每隔几年时间就不得不重复的投资续费等一系列烦琐操作。对大基金公司来说，这可谓是梦寐以求的目标，因为交由其管理的资金再也不会受到固定期限的约束。就如同是一艘小船一样，正从狭窄闭塞的小河，一跃进入宽阔无垠的大海。这种新的产品策略能够为公司创造无限广阔的投资机会，推动公司以前所未有的速度，阔步迈向更加辉煌的未来。

戴维一边回味刚才听到的话，一边若有所思，就在今天早上，他还被告知，资金募集是私募股权公司的重要命脉，而如今，他正在执行一项秘密计划……让公司获得永生。持续收取管理费，丝毫不用担心基金期限到期的嘀嗒声渐渐逼近，这将推动大基金公司的利润逐年增加，从而拉动股价上涨。这个理念并非新鲜事物，而是受到巴菲特管理的上市投资公司伯克希尔－哈撒韦的启发。但该理念应用在私募股权行业可谓石破天惊，截至目前，大基金公司的竞争对手尚未有任何一家在这方面投入精力。

戴维收集汇总了公司各个部门提供的总计 15 个永续资本投资计划，这些投资创意分别来自私募股权、房地产、保险、信贷和基础设施投资等不同的交易团队。作为投资者资金的长期蓄水池，由此带来源源不断的基金管理费收入。如果相关计划能够顺利实施，在未来 10 年间，大基金公司的资产管理规模将至少增加 200 亿美元。

项目团队战略的第二部分，就是推动大众投资者投资于私募股权基金和其他私人资本工具。目前，普通投资者无法直接投资于私募股权基金，这主要是基于几十年前美国证券交易委员会的规定，该规定的目的是保护非专业投资者，以避免他们因投资于自身不能充分理解的复杂金融产品而受到投资损失。也就是说，普通投资者无法以直接投资人的身份参与私募股权投资。但是，美国人以及其他众多发达国家的普通人都面临退休金严重短缺的问题，大基金公司认为，通过在可以接受的风险水平上，为投资者创造超额回报，助力401（k）或其他退休计划等保值增值，可以帮助解决退休金长期不足的问题。长期来看，私募股权投资和类似投资能够帮助投资者为舒适的退休生活储蓄，从而弥补退休金不足的缺口。大基金公司的愿景是，深度涉入这个规模高达数万亿美元，未来可能面临激烈竞争的零售市场——只要法律允许，并且监管不会继续在这个领域设置过多障碍。

保护好个人投资者的本金，成为大基金公司最重视的内容。为此，公司安排戴维广泛收集整合公司内部、政府游说团体以及监管咨询顾问的建议，研究如何才能把主权财富基金等针对机构投资者所设计的复杂基金产品，通过改造设计提供给个人投资者购买和操作。比如，可以对此类基金实施更加严格的监管，但前提是不能过于严格，以免妨碍投资专家的正常投资管理工作。或者，让更有钱的机构投资者实施投资尽职调查，个人投资者也可以从中获益，从而更好地实现自己的目标。又或者，设计更贴合个人投资者投资需求的基金产品，可以开展低风险、低收益的投资活动，只要其投资收益能够满足投资者的退休所需，而不追求过高的投资收益。这一设计理念的目标是希望让大众形成这样的认识，即私募股权投资与股票市场投资并没有本质不同，后者也需要借助先锋领航或贝莱德的共同基金、指数基金或者 ETF 等进行投资管理。这些知名的投资公司管理的个人资金规模高达数万亿美元。

此时戴维不由得想起了自己的父母。他希望父母的401（K）养老金是投资于大基金公司的股票，还是其基金产品呢？又或者两者都投？投资于私募股权基金及其相关产品，会对父母产生怎样的影响呢？能否帮助他们实现退休目标？纸上的文字：个人投资者。戴维知道，一串串字符背后是一张张满怀期盼的面孔，一个个数字背后是一项项具体的人生目标。他看到了自己的父母、叔叔阿姨、学校老师，以及他家乡的医生和护士。他不知道，这些人是否理解自己投资的是什么，能否坦然接受投资失败的后果。有那么一瞬间，戴维也在担心，这些人会不会认为他在做错事，即使事实可能并非如此。实际上，他为个人投资者所做的工作，可能是父母手头资金所面临的最佳投资机会之一。但他们会相信吗？而戴维又能保证投资业绩稳健良好吗？他扪心自问，这个行业是否过于艰深晦涩，以至于业外人士很难理解其中的门道。

戴维醒过神来，再次进入工作节奏，思绪回到了手头的工作任务上：需要确定这些措施将对大基金公司的财务业绩产生怎样的影响。公司的目标是，锚定像贝莱德这样的公司，做大业务规模，同时尽可能维持核心收费模式不变，也就是坚持“2＋20”。他认为，如果自己正在推动的两项工作能够成功的话，将会把大基金公司的股价推升到前所未有的新高度。

戴维正在推动的项目，有效平衡了一系列棘手复杂的相关因素。什么才是对投资者最好的选择？是否需要公司多元化扩张，正如目前正在做的那样？什么才是对公司最好的选择？各项目标是否协调一致？戴维并没有跟自己所在的交易团队交流这些问题，因为其中的细微区别，目前还没有充分体现出来。这些都属于需要解决的微妙环节，如果不进行准确的解读，则很有可能引发广泛的社会争议。

这位初出茅庐的投资助理把自己努力研究的成果提交给上级审定。这位上级是一位中层投资专家，被冠以“主管”的头衔，下一步的具体行动方案将由他负责补充完善。这位主管专门强调了一项关键节点，并以此作为方案加快实施的决定性因素：数据显示，由于稳健优秀的历史投资业绩表现，大基金公司与当前投资者之间的关系十分牢固，基于这样的考虑，这两项计划的资金筹集可能很快取得成功。以主权财富基金为例，这些主要设立于中东和亚洲的基金，通常具备超长期的投资耐心，永续资本工具很容易被这些市场接受。在这些地区的政府管理体系中，占据主导地位的通常是名门望族或主流政党，他们制订计划的视野格局要远超西方国家的政府，因为后者的民选领导人受到固定任期的约束。

在美国养老金发觉这种市场潮流并考虑是否积极拥抱这种趋势之前，大基金公司已经开始着手实施这项计划。个人投资者确实需要更为健康合理的退休储蓄，立法者和监管机构已经开始就私募股权基金如何满足个人投资者的实际需求，研究相关政策调整的可能性。他们已经开始分析取消当前保护性措施的可行性，也就是砍掉那些繁文缛节。

随后就轮到合伙人出场表现了。这位负责监督交易团队的合伙人，就如同是一位天生的外交家，他会淡化有关经济价值方面的论述，减少书面内容，以便留出更多时间进行现场讨论。他完全不能容忍单纯就经济价值问题泛泛而谈的分析理念。“终极游戏”背后的支撑数据已经十分扎实，根本无须再次强调，因此，合伙人精心组织了交易团队报告中已经论证分析过的有关表述，以便最终向投资委员会进行汇报。同时，他在行业内部也有着广泛的人脉，他亲自起草有关报告，以牢牢抓住市场机会，并以此作为对竞争对手市场行为的回应——任何试图抢夺大基金公司风头的行为。通过对比竞争对手的市场行为，他在讨论方案的过程中，并没有大声宣扬采取这些措施将为大基金公司赚取多少利润，或者会对公司股价造成哪些影响，但与此同时却巧妙地向大家传递出一种紧迫感。这名合伙人的所作所为，就如同一位精明优雅的政客。

团队协作所凝聚成的强大合力，以及每位成员都对情况有全面系统的了解，让戴维感到自己作为个体的渺小。对公司来说，这项工作的重要性，要远超任何一笔私募股权投资，也远超任何一笔信贷业务。随着交易团队推动项目不断取得进展，相关叙事更加明确，相关信息更加清晰，而相关表述方式却更加委婉，这一切都不由得让戴维深受触动。在向公司创始人汇报的前一天晚上，当戴维问合伙人，到底是投资者把资金投入公司的基金产品更好，还是购买公司的股票更好的时候，合伙人不禁露出会心的笑容。答案显而易见，二者都要。

负责管理交易团队的合伙人解释说，投资者最好拿出一部分资金，用于购买大基金公司的基金产品，这样能够获得他们所热衷的投资回报，然后还要从剩下的资金中拿出一部分，用于购买大基金公司的股票，与公司共享利润和快速发展的成果，并不断获得股票分红。“终极游戏”的最终目的，是把这两类资金都吸引过来，由此达成双赢的效果。如果展开深入的剖析，你会发现在项目执行过程中所有的细节信息，最终都是为了实现这个目的。这可谓是条条大路通罗马。

戴维一边思考着这项工作的经济价值，一边想起来在入职培训期间与同事闲聊，如果从公司基层顺利晋升到高层，能够赚到多少钱。一名资深合伙人在 40 多岁的时候赚了一亿美元。有些人可能赚得更多。在内心深处——也许不用那么遮遮掩掩——这些同事都坦然承认，这可能在很大程度上说明了，为什么那些聪明而又上进的男男女女，每天早上都争先恐后地跨过楼下那扇不停旋转的冰冷铁门。驱使他们争先恐后苦苦追寻的，实际上是能够改变自身命运的金钱和权力。

层级最高的那些人已经拥有这一切。

他们根本无须等待，就能直达这座摩天大厦的任意楼层。

如果愿意，他们甚至能够拥有这座摩天大厦。对他们所主导的私募股权行业来说，他们自身就是行业实力和行业形象的化身。

——— * ———

还有少数高级合伙人，他们的历史投资业绩最为优异，除了履行投资职责，还承担着管理职责，同时他们还属于大基金公司最大的个人股东，这些人才是投资者最为看重的。在公司的管理档案中，这部分人属于被视为“关键员工”的少数人，如果没有他们，公司的基金管理业务甚至无法正常运转。实际上，一旦出现这种极端情况，可能会导致投资者争相采取措施，提前赎回自己的投资。尽管周围共事的同事也都属于天选之子，但只有这部分人被称作“关键员工”，这并非没有原因。更令人惊讶的是，传统意义上所谓的员工概念，无法套用到这些人的头上。他们也会与公司签订某种形式的劳动合同，但与其说他们是员工，不如说是股东。这也解释了，为什么只有这些人的利益，才真正与公司的财务状况和发展前景紧紧地捆在一起。

行文至此，我们可以对私募股权行业的具体运行做出一些判断。私募股权投资并非民主决策，也不遵循少数服从多数的逻辑。交易团队之间互相交流、自由协作，同时又高度自主。在资源金字塔的分类过程中，个人多元化的组合配对也同样如此，具体情景既包括因观点相左或者数据差异而产生的交流碰撞，也包括围绕公司投资业绩的沉浸式对话。但无论如何，权力的分配，既不可能完全均匀，也绝不会过度分散。公司创始人和合伙人所追求的目标，决定了投资者的投资方向和资金流动速度。

私募股权行业的决策权力高度集中，这种运行机制的重要性是毋庸置疑的。海量的财富管理权越来越被极少数人所操控，这部分人对经济领域的影响广度和深度也在不断扩张。由此所带来的一个重要结果，就是少数个体控制着数十万员工及其社区，或者能够对他们施加重大影响，而这种影响力度要远远超过华尔街的银行机构。之所以说他们的力量更大、影响更深远，主要是由于在私募股权行业，有一点是可以确定的，那就是行业运作本质上是交易活动，也就是买入卖出，就如同金融资产一样定期进行交割买卖。最理想的情况下，当这类资产被再次出售时，它们的状态要优于此前买入的时候——从财务角度来看如此，从社会角度来看也是如此——具体的影响，我们可以从这项交易对社区、经济以及整个社会的影响等多个维度进行衡量。私募股权投资所创造的价值，已经体现在经济社会生活的方方面面。

反过来说，这也就意味着私募股权（或者更广泛意义上的私人资本）在实施具体投资行为或借贷行为的时候，需要权衡好——通常不仅限于简单的权衡——与其投资者及公司的关系，对后者来说，赚取利润才是首要考虑因素。私募股权行业中，负责做出决策的人并非民选代表，甚至在绝大多数情况下，这些人都希望可以避免站在聚光灯下。投资公司的大多数员工以及社区居民，都会受到这些“关键员工”的影响，但在现实生活中，即使能够接触到投资公司的管理层人士，也根本不会有与这些“关键员工”碰面的机会。我们必须睁大双眼，坦然接受这个现实。

可以思考一下，对依靠私募股权投资获取投资收益的我们来说，这种情况的存在，将产生怎样的影响。某些时候，经济表现会变得十分脆弱，但我们透过表象分析这个问题，可以清晰地得出结论，那就是对社会大众的财富积累来说，私募股权行业的这些精英人士正发挥着越来越重要的作用。在他们的帮助下，一方面维持了社会养老金制度、大学捐赠基金的正常运转，另一方面也对经济领域起到了有效的助推作用。他们被赋予的使命，就是在针对投资目标进行买卖、融资等过程中，力求做出明智周全的决策，这不仅符合投资者以及他们自身的利益，也有利于受其决策影响的各类社区的运行。这也有效解释了，为什么在投资者将资金委托给私募股权公司管理的过程中，道德水准、公开透明、健全判断属于最为核心的考虑因素。单独的投资业绩并不能说明一切，未来将更难以为继。

如今，媒体对私募股权行业高层人物的关注度日益提高，上述情况的存在也是原因之一。也可以这样说，在讨论有关经济社会运行的影响因素等问题时，这些私募股权投资人士的重要性，已经可以与我们所能想象到的企业领导者和意见领袖并驾齐驱——不管是大型公司的CEO，还是华尔街的重要银行家。这些人所代表的群体，以及他们奋斗的原动力，正是私募股权投资这项工作的重要组成部分。他们不只是其投资者和自己公司的“关键员工”，还在整个经济运行中扮演着关键人的角色。

对戴维这样积极上进的员工来说，他们希望有朝一日能够坐上公司创始人和高级合伙人的位子，而社会对私募股权行业的需求，将成为决定戴维等人能否成功的试金石。从事私募股权投资工作，需要不同于常人的思维定力，这也从个体微观层面有效解释了，私募股权如何以及为什么能够在宏观层面取得如此重要的地位。这是私募股权投资专家最为核心的DNA，如何才能发掘这种特质，如何才能培育这项本领，我们将在接下来的章节里进行介绍。

第四章

自食其力　甘苦自知

“好像有点儿问题。谢谢。”

一觉醒来，各种棘手的难题就接踵而至。大基金公司创始人早上6：21发过来一封邮件，内容只有两句话，几个字，结尾是他惯用的“谢谢”。文字不长，问题却不小。我意识到，创始人已经仔细阅读并消化了交易团队提交的投资项目更新报告。这份报告总共50页，包括3份厚厚的法律文件以及重组分析咨询材料，还有相关的财务模型分析。我往下翻看邮件的时候，不由紧张到嗓子发干。这些材料发送给大基金公司创始人的时间是6个小时之前。情况无疑很严重。

大基金公司创始人发来的邮件信息就如同莫尔斯码一样，但如今我已经可以驾轻就熟地破译出来：“这笔投资有个问题，情况很糟糕，甚至会导致灾难性的后果。在做好手头日常工作的同时，请你把这个问题处理一下。这并不仅仅是交易团队的问题，这是需要我们共同解决的问题。及时把最新进展告诉我，把关键数据解释清楚，明确我们该如何解决这个问题。你需要讲清楚，如何才能做好补救，解决措施能够成功的概率如何。当且仅当问题无可挽回的情况下，要明确如何才能降低损失。做好调查分析，直接向我汇报。”大基金公司创始人希望，在几个小时之内，就能得到迅速反馈，同时还要有实实在在的进展。

相比主管投资活动的合伙人，我并不算是一个优秀的投资人，但我也有自己的优势，那就是年轻且冲劲十足。我可以提供独特的视角，提出不一样的建议，希望能够助力创造价值。我可以客观冷静地看待棘手问题。这笔投资正急速向下栽进深渊，甚至连投资本金都可能损失。在局面完全失控之前，公司要求我站出来，尽可能地解决问题并挽回损失。交易团队已经筋疲力尽，支持他们到现在还没有完全放弃的东西，已经不是之前希望投资获利的贪婪，而是心中全盘皆输的恐惧，他们迫切需要公司高层的支援。面对这种情况，其实并没有什么选择的余地，对此我并不担心，因为大基金创始人已经心知肚明。从内心来说，我极其希望扭转投资的不利局面。我跟负责这笔投资的合伙人一样，需要等比例分担投资项目的盈亏，而为了达到此前预计的盈利水平，我已经制定了行动方案。我真心希望我们两个都可以获得成功。

上午11：30，交易团队以及我们在华尔街投资银行的咨询顾问向我汇报了工作情况。作为回应，我对他们的分析成果进行了客观评价，并重新制定了行动方案。我并没有取代交易团队主管合伙人的角色，他也没有表现出自尊心受挫，还积极对评价建议进行反馈。我们之间共同的经济利益十分重要，根本不会把宝贵的时间浪费在这些无聊的心机把戏上面。我们的任务是团结协作，面对眼看就要无可挽回的灾难性局面，找到问题的解决方案。

Plastix 公司是一家生产高端化学材料的专业公司，其产品被广泛应用于飞机、汽车和工业部件的制造，目前大基金公司已经通过杠杆并购的方式对这家公司投资了 4 亿美元。该公司的产品使得制造飞机和汽车车身的材质更轻便，也使得笔记本电脑精密部件体积变得更加小巧。这些材质的生产需要以高性能材料为基础，后者必须耐高温、耐摩擦，同时也要满足其他各类物理特性。这是一种类似于某种表面不黏的光滑材质，但其中的科技含量要高得多。

Plastix 公司属于这个领域的先行者，历史十分悠久。公司成立于第二次世界大战结束之后，创始人是一位来自北欧的诺贝尔化学奖获得者，此后公司一直由其家族掌管，直到 2005 年左右，创始人的孙辈以契合其优质资产定位的售价，把公司卖给了一位俄裔美国亿万富翁。这位富翁希望，扩大 Plastix 公司在诸如电动交通等垂直领域中的市场份额，并择机实施并购。不幸的是，金融危机来袭，对这位富翁商业帝国的其他板块造成了沉重打击，其中也包括他在美国抵押贷款市场上的下注，那是一个金额巨大但又极不明智的衍生品头寸，交易对手是华尔街最精明的交易员，他的失败导致其商业帝国的梦想最终成了泡影。随后，他被迫破产，重要资产丧失殆尽。Plastix 公司是他剩余财产中最优质的资产，这位富翁在纽约的贷款银行取得了 Plastix 公司的控制权，并聘请顾问对其进行拍卖。这些银行没有兴趣经营这家公司，它们唯一的诉求，就是收回贷款本金，收取适当的利息，并从这笔交易当中赚取部分手续费。最后，拍卖机构设定了较低的起拍价，Plastix 公司被法拍了。

投标者遍布全球各地，包括多家私募股权公司以及战略收购者，其中许多投标都附有很长的前提条件。一些投标者要求，如果金融市场形势或者 Plastix 公司发展前景恶化，那么投标者可以退出竞标，这一要求被明确写在“重大不利影响”的竞标条款中。银行对于这些机构提交的竞标毫无兴趣，因为它们希望收回贷款，不愿意再等待几个月时间。最终各家银行接受了较低的竞标报价，因为该报价没有附加烦琐的竞标条件。最终价格也并不是一个甩卖价格，看起来更像是一次精明的讨价还价。大基金公司最终胜出，这笔交易在三个月之内就顺利完成了。

牵头这笔投资交易活动的合伙人充满自信，他坚信这笔投资可以为大基金公司的投资者带来 3 ~4 倍的投资回报。此前他曾经在一家稀有金属生产企业的并购交易中大获全胜，在这一类似行业的成功经历，让他感觉自己必将再次一帆风顺。他制定了这样的方案：从那些急于出手的贷款银行手中，低价买入这家公司；与工会和供应商展开艰难谈判，大幅压降公司成本；对公司设备进行更新换代，专注于生产利润最高的产品；随后等到市场第一次出现看涨窗口期，转手把公司卖给某家亚洲的财团企业，后者在此前拍卖的时候，由于对拍卖报价和交易条款过度谨慎而错失了这家心仪的并购目标。上次在稀有金属生产商身上，这种投资策略十分有效，那有什么理由不把筹码再加一倍呢？财务报告的分析结论比较有利，相关数据资料也比较翔实。

但是，三个月之后，这笔投资已经呈现出无可挽回的急速恶化趋势。在裁员过程中，交易团队发力过猛，推进速度过快，罢工浪潮此起彼伏，导致工厂生产陷入瘫痪，员工抗议新东家缺乏沟通，遣散条款过于苛刻。尽管交易团队改善了公司的经营管理，聘用了业务能力更强的高管，但该公司依然无法妥善应对生产中断所带来的影响；与此同时，公司主要客户的订单在短时间内被推迟或者无法有效交付。随着公司业务陷入瘫痪，相关客户开始把订单交给生产经营更加健康的竞争对手。

就这样又过了三个月，Plastix 公司的远期收入订单越发稀少。就像几乎所有的并购投资一样，大基金公司的这笔投资也借助了杠杆资金，投资者每投资一美元，都会由债券持有人投资两美元进行匹配。尽管公司在债券条款谈判以及解决问题等方面积累了丰富的经验，但看起来 Plastix 公司只能靠借贷来维持生存了。

Plastix 公司在欧洲和铁锈地带[①]运营大型化工厂，需要支付高额的固定成本，这就意味着，公司营运资金将很快成为一个棘手难题，从银行那里借来的流动资金将很快消耗殆尽。Plastix 公司需要立即注入现金流，只有这样才能挺下去。而这就是创始人收到一整套报告材料之后，指定我介入这个项目的原因所在。简而言之，相关报告材料提出了明确而紧急的请求：下周需要注入

---

① 铁锈地带是指工业一度繁盛如今已衰落的发达国家地区。——译者注

5 000 万美元，下个季度再注入 5 000 万美元，否则将面临投资损失。只有通过类似这样的前景分析，才能有效安抚工会、客户和员工等各方势力，同时降低市场热度，为交易团队创造空间，重新调整投资计划，赢得客户的信任。在市场通常以 5 年为周期的长期投资背景下，尽管公司目前面临这种危急形势，但仍然有机会加以补救，让这一切成为投资过程中有惊无险的一个小插曲。

交易团队绝不能无所事事，坐等事态恶化。不管是按照要求继续注入资金，还是采取其他补救措施，我们都必须首先认真审视这笔交易行为，把分析结果准确完整地报告给公司创始人。我们要客观公正看待这笔投资的问题，坦诚分析哪些积极因素还可以加以利用。也许冷静分析过后，抽身离场才是更好的选择。

随后，我们需要与投资委员会召开紧急会议，重复多次这样带有惩罚性的深入反思和投资再论证程序。也就是说，我们被要求重新承保这笔投资——我们都知道，相比于第一次申请 4 亿美元的投资许可，再次申请额外 1 亿美元用于追加投资，后者的难度要大得多。我们必须尽最大努力，全面深入开展调查，采取正确的行动，全力做好补救措施，就像是我们要开展一笔数十亿美元的全新投资一样——最终投资金额可能更高，或者至少要经得起投资委员会的常规审查才行。这笔新投资的目标，并不是为投资者投入的资本创造收益，而是首先要确保投资者投入的资本能被安全收回。必须坚决避免资产完全打水漂，或者投资归零，为此我们可以说将不惜任何代价。这才是大基金公司最为重视的内容。既不希望投资赔钱，同时也希望未来某个时候投资能够获利，对公司来说，这两项诉求的重要性可谓是难分高下。

—— * ——

Plastix 公司的这笔投资改编自真实案例。饱受各类问题困扰的这笔投资，最终命运将走向何方？在分析这个问题之前，让我们先按下暂停键，花点时间梳理一下，私募股权投资运行的底层逻辑到底是怎么样的。

首先，让我们看一下私募股权投资专家，与华尔街那群优秀的金融专家相比，二者到底存在哪些主要的区别。私募股权投资从业者并不像优秀的银行家那样，在提供并购咨询服务的时候，只是领取薪水的员工，尤其是私募股权投资专家这种人物。他们有强烈的个人动机去追求投资成功，那就是在交易结果中获得股权，而不仅仅是在交易完成之后获取现金和股票奖励。这些投资奖励在很大程度上属于水到渠成，需要在交易启动多年之后才能兑现。因此，私募股权从业者存在一种根深蒂固的主人翁意识，这在华尔街其他行业根本就不会存在。当私募股权投资专家买入一家公司，或者作为债权人向该公司发放贷款时，他们从思维和行动上表现得就好像他们才是这家公司真正的主人一样。他们勇于承担个人责任和集体责任，与被投资公司管理层全力协作，共同为其创造价值。在把投资者的资金投入目标公司之后，这笔交易看起来不仅是他们需要全力以赴的中心工作，同时也是他们生活的重要组成部分。当然，相比于公司股东或者家族持股人对公司的原始情感，私募股权投资专家的这种感情要含蓄得多。与传统的企业家不同，私募股权投资专家也要具备抽离自身情感的能力，做到冷静分析问题，同时谨慎果断地选择脱手时机，当然，一切都需要在必要情况下。

为什么他们要让自己走上这样一座危机四伏的独木桥呢？推动投资活动真正获利成为指引他们克服重重的方向标。他们并没有局限小我，而是专注于为投资者和被投资公司创造价值。这种信念一旦确立，便不再更改，他们的目光始终盯着财务指标，因为投资属于一项长期业务。交易目的自然是获利，但同时也涉及业务经营等活动，而不能仅仅把投资对象作为等待收割的财务工具。权益投资或者发放贷款并不属于长期的战略投资，不像亚马逊、苹果、谷歌、微软等公司，投资者的投资周期可能长达几十年。权益投资或发放贷款更类似于短期投资，投资者必须在短短几年时间内就能够见到丰厚的回报。

必须承认，投资者在交易过程中也真心希望，被投资对象的员工能够得到进步成长，更广泛的社区可以从中获益，针对客户的产品或服务质量可以有效提升。但最终，如果面临合适的退出时机，那么他们也会毫不犹豫地转身离场。对一位经验丰富的投资专家来说，资金进账时各方的恭维喝彩，并不是他所真心喜欢的；通过投资运作赢得各方的广泛认同，获取更高的投资收益，分得相应回报，才是他们更为看重的荣耀。

因此，在私募股权投资领域，推动投资专家坚定自我，以被投资公司所有者的心态自居，这一切的关键在于，投资专家热切希望交易能够顺利推进，希望在任何情况下都不让投资者遭受损失。通过对被投资公司进行控制，或者施加重大影响，投资专家就能够与这些企业同呼吸、共命运，为资金提供有效保护，并确保其保值增值。

投资专家既需要亲自下场，以所有者的身份参与进来，又需要保持克制，秉持客观冷静的姿态，这二者之间的微妙平衡，在私募股权投资进行防御性操作时表现得最为明显。当一笔交易出现问题时，私募股权公司就会向外界展现自己的强势。不同公司面对危机的具体手段不同，就 Plastix 公司的杠杆并购投资来说，大多数交易团队所考虑的，就是如何与公司的债权人展开谈判，争取一定的宽限期，从而为解决问题赢得空间。他们会设法削减成本，即使必要的裁员可能对公司造成冲击，也在所不惜。基本运转之外的资本支持很可能会被推迟，直到投资出现好转的迹象。即使患者觉得药物很苦，相关的治疗改进措施也必须坚决贯彻下去。而这些只是保持客观冷静以及最终实现丰厚投资回报中的一部分措施。

面对不利形势，作为最精明、最积极进取的投资公司，只要有必要，它可以毫不犹豫地与债权人、供应商或其他任何胆敢抢占资产的人进行抗争。正是由于这种潜在的强势威胁，才让债务投资人等交易对手忌惮，在与私募股权公司围绕 Plastix 公司这样的杠杆并购交易进行谈判的时候，能够静下心来认真倾听，以包容开放的态度，把协同解决问题放在首位。只有在最终一切都无法挽回的情况下，双方才会选择摊牌对抗。

私募股权投资者的利益与投资专家的利益总是能够保持高度

一致，其原因在于，双方都热切希望能够获取各自的收益。退休系统希望能够按时为教师、消防员和医护人员等签发养老金支票。私募股权投资专家希望能够及时收到投资管理费，并获得利润分成。如果某笔投资虽然面临不少困难，但仍然存在转机，那么此时抽身而退就不算是理智的行动。投资专家希望，自己能够坚持下去，与投资对象一起有始有终，而不是过度考虑这笔交易最终的成败。

被一笔问题投资拖入泥潭的时间可能长达数年，这种现实情况在一定程度上解释了投资委员会在讨论投资问题时为何表现得如此严肃和坦率。那些 20 岁出头的年轻投资助理有权质疑财务模型的分析结论，随着私募股权公司金字塔的逐级提升，相关管理人员数量会逐减减少，但这些人对某笔投资财务状况的话语权反而显著增加，审查也在不断加强。他们会相互质询：如果这笔投资还要延续好几年的时间，而最终只能收回本金，甚至出现亏损，那这笔投资的意义又在哪里呢？投资出现亏损的可能性有多少？如果从投资组合的维度对一笔投资展开分析，团队也会按照同样的逻辑进行评价：这笔投资到底是什么状况？我们是希望通过分红、出售资产或者彻底退出等方式，实现快速变现吗？还是说，这笔投资可能会陷入难以扭转的困境，甚至是前功尽弃？

投资底线十分明确：在私募股权投资运作过程中，投资专家可不仅仅扮演着咨询顾问的角色，而是最终的负责人。即使是刚刚入职的新员工，也必须接受这个现实，那就是自己所从事的这项工作，完全不同于投资银行或者管理咨询。种瓜得瓜，种豆得豆，你只能自食其力。最困难的局面，通常在交易结束之后才会出现。这项原则如今已经成为通行惯例，是衡量投资专家工作责任感和执行力的试金石，他们必须坚持下来，绝不能轻言放弃。为了达成一笔新的投资，推迟此前计划好的休假安排，这是一回事；由于投资效果不佳，需要投入更多的精力，反复做出个人牺牲，整个过程可能持续数年，这又是另外一回事。当然，如果投资形势不妙，这项工作将会面临更大的压力。面对三四名投资专家组成的交易团队，如果身为其中一员，掌管着其他人上亿美元的资金，你就会切身体会到肩上负担的重量，你绝对不想造成亏损。

为了更好地了解这种负责任的工作态度是如何在日常投资管理工作中发挥作用的，现在我们再次回到 Plastix 公司的投资案例上。具有讽刺意味的是，正是由于过度热衷于干好某件事情——由于自我加压，希望复制或者超过以往成功的投资案例——才最终导致交易团队酿成大错。他们迫不及待地希望，能够把财务模型分析所展示的 10 亿美元投资回报变为现实，最终导致其对 Plastix 公司的投资操作变形走样。在他们采取补救措施的过程中，我们也一起加入进来，试图实现对投资者和自身的双重救赎。他们已经准备好放手一搏。

—— * ——

“如果能够持续推动投资进程，那我们最终将赚取双倍的收益。”

面对投资委员会的质询，我的开场白十分直率。我们可以选择继续投资，最终获得相应的回报，也可以选择抽身离场，这样的结果显然是失败的。我们也没有必要后悔，没能抓住投资时机，让投资者的资金像我们原先所预期的那样，在 4 年时间里翻几倍。事情一旦过去，就再也无法改变。我向投资委员会解释说，如今，我们只能希望让总投资翻一番，而且预计需要更长的时间，最长可能需要 8 年之久。只有这样，才能有时间改正错误，重回正常发展轨道，改善目标公司的经营管理。但无论如何，至少这笔投资将取得成功，这对投资者和我们公司来说都是如此。从一笔有利可图的交易中获得 20% 的回报，比什么都不做要好。因为一旦投资失败，大家就不用想着有什么利润可分了。

我们对这笔投资的基本面进行了复盘。Plastix 公司的特许经营权依然稳健，市场份额仍然很高并保持稳定，化工产品的市场认可度高。该公司未来还有不少成长机会，具体包括实施补强并购，同时投资于具有高增长潜力的全新细分市场，比如说生产可回收产品和可生物降解产品等。尽管削减了员工人数，但深层次的成本依然有待进一步压降。我们升级了管理团队，挽留了技术人才，这些人在这笔交易中投入了相当大的精力，并且他们的薪酬被冻结，只有在我们获利退出的时候才会获得。公司管理团队气氛融洽。当前面临的紧急问题是短期流动性不足，长期运行的基本面依然稳健。我们对于公司更长期限发展前景的判断依然是准确的。

但是，并非所有人都认同这种思路。投资委员会的几位合伙人就持反对意见，其中有位同事更是热衷于抬杠。他们的反对说辞都经过了精心的排练，不过这种批评是可以理解的，同时也完全符合投资者的最佳利益：投入更多的资金，就能够解决这个问题吗？我们如何确信，前期的投资出现问题之后，如今新的投资不会出问题呢？之前对这个投资项目所做的分析，与现在所做的分析有什么不同？诸如此类疑问，不一而足，拷问持续了近三个小时的时间。最后，我们分析了目标公司当前面临的问题，安排好任务分工，以更正之前的错误，并就下一步措施达成了一致意见。

为了解决现金流不足的问题，我们提议，通过新的债务融资方式，把大基金公司的资金借给 Plastix 公司，新的债务融资安全性要超过公司现有的债务融资，后者是之前为了实施杠杆并购而在金融市场上筹集的。幸运的是，此前在为并购举债的时候，纵观整个融资条款谈判的全过程，大基金公司一直占据绝对主动，华尔街的各家银行都十分热切地希望参与进来，因此，全新的“救助性”债务融资很容易获得债权人的同意。我们将按照所谓的“超级优先”原则向 Plastix 公司注入新的资金，这也就意味着，新债务将优于现有债权人持有的老债务，需要公司优先偿还，新债务的利息也需要优先支付。

也就是说，我们将推动被投资公司做出承诺，在偿还其他债务之前，优先向我们支付本金和利息。目前我们已经控制了 Plastix公司董事会，因此做出上述承诺，将比在董事会中没有代表时要容易得多。目前公司的债务主要涉及保险公司以及类似指数基金那样的信贷资金。对于这些习惯于充当被动投资者的机构，大基金公司很擅长与它们进行沟通。它们不会掌控一家公司并参与运营，也不想这样做。因为一旦如此的话，他们就不得不承担更多的风险。在公司的资本结构当中，我们新注入资金的利率要高于一般意义上的最优先级别债务的利率，以此补偿我们即将开展的艰苦工作，以及为了有效补救而再次投资所承担的风险。

我们认为，这个解决方案公平合理，因为当公司陷入危机时，我们才是做好准备投入更多救助资金的人。我们是救助的主导者，主导救助就意味着，我们的投资者和我们公司都需要承担更多全新的未知风险，尤其是我们稳健投资的名声已经在外。事实上，这些风险的酿成，与我们自身也脱不开关系，但是话说回来，在前任领导者的管控之下，公司经营也没见有什么起色。它的历史状况比较复杂，并且已经挂牌待售。我们采取了各项措施，虽然也有失误，但出发点都是好的。我们所聘用的管理团队也都认为，在这种紧急情况下，这才是正确的解决方案。Plastix公司可以把我们的提议公开，从而选择合适的交易对手，但这个过程需要一定的时间，而且不能保证能够及时敲定更具操作性的合作条款。而与此同时，我们已经做好了准备，随时能够注入资金。

接下来的措施，就是分两次向 Plastix 公司注入资金，这个过程有点儿类似于注射疫苗，第一针是基础针，将在投资委员会批准之后的几天之内完成，第二针是加强针，将会在 10 个星期内完成。流动资金的注入，加上一点运气，就可能会推动公司解决现金流短缺的问题，我们将激活公司的免疫系统，推动其迅速复苏。

具有讽刺意味的是，我们也不知道这些措施能不能起效。我们所选择的救助方式，是通过增加债务而非股权的方式向公司注入资金，这是一个备用方案，是为了防止投资失败而我们却毫无察觉的极端情形。我们认真思考了再次犯错的可能性，并做好了应对预案。在授信文件当中，清晰明确地注明了一揽子保护性条款，也就是契约规定，这些规定赋予我们全面掌控公司而不受任何限制的权力，尤其是当投资状况进一步恶化的时候。

如果我们所采取的这些措施效果不佳，Plastix 公司业绩未见明显改善，最终走向破产清算，那么我们就可以启动这些条款，以继续保持对其的控制。不管是由于工会组织更多的罢工，还是流失更多的关键客户，抑或是受到其他重大不利影响，导致公司最终陷入困境，我们都可以援引该条款以维护我们的正当利益。根据条款规定，我们可以要求 Plastix 公司加速偿还新举借的债务，也可以有序启动重组进程，由作为优先债权人的我们掌控公司，推动公司重新步入正轨。如果公司经营不佳，导致并购债务的价格降至不良水平，我们也可以选择并购公司，以便在重组过程中与相关交易对手谈判时更好地掌握话语权。我们已经做好了万全准备，随时可以发起攻击，并把主动权牢牢掌握在自己手中。

投资委员会审议 Plastix 公司投资项目期间，如果投资者能看到我们会议室中的情况，一定会为我们尽职履责、严格监护他们资金的行为而感到欣慰。我们会不惜任何代价，努力保护投资者的利益，面对一时的棘手形势，绝不会退缩。即使救助措施未能生效，我们也制定了应急方案，妥善保护好相应的资产。为什么要这样做？受人之托，忠人之事，只要有一丝希望，我们就决不放弃。同时这也是因为，只有投资者赚到钱，我们才能赚到钱，我们双方的利益是高度一致的。

交易团队的主管合伙人急于挽回自己的声誉，希望尽快纠正之前的错误，让这笔投资重回正轨。在投资委员会会议期间，他为此前的判断失误承担了个人责任。他反思道，自己和投资团队的其他成员过于心急，希望能尽快改变 Plastix 公司的现状，而没有采取谨慎稳妥的措施。在整个过程中，他没有打官腔，没有试图掩盖问题，也没有无端指责其他队友。他勇敢站起来，承认自己的错误。他以自然和坦率的态度，回顾了这个项目曲折的投资流程，从成本压降到实施并购，再到鼓励客户重新使用该公司的产品等。他回忆说，他已经直接向工会道歉。这种沟通方式对一个高管来说并不常见，通过这种放低身段的沟通方式，公司生产状况扭转了进一步恶化的趋势，多场罢工也已经取消。在投资委员会讨论的最后环节，大基金公司创始人做总结发言，批准了我们的提议，究其原因，在一定程度上来说正是我们重新取得了大家的信任。创始人看到了我们交易团队对胜利的热切渴望。

但是，针对此前投资过程中的不当管理行为，并不是就避而不谈了。主管合伙人被给予严肃警告。他可以继续保留这笔投资的利润分成，以鼓励他改正错误，但同时也被警告，如果我们对Plastix公司的救助措施无法生效，那么他在大基金公司当中其他项目的利润分成就会被相应砍掉。他的历史投资记录中已经有一笔不良投资，大基金公司目前仍继续持有这笔投资，9年前的投资到现在未见一分钱收益，犯一次错误可以理解，但如果犯两次错误就不可原谅了。现在是他拿出实际行动的时候了。

大基金公司还有一个棘手的问题。尽管未曾公开，但我们也已经关注到，这笔投资所面临的问题，还牵涉大基金公司增长最快的业务板块，也就是信贷基金业务。公司希望推动这部分业务迅速成长，在未来数年内成为规模最大的私人资本投资策略产品。由于央行将利率压在超低水平，信贷基金产品此前已经被证实能够持续创造投资价值，这也是大基金公司的投资者十分看重的地方。这些投资者已经投资了公司管理的多种投资策略产品，从信贷基金产品到私募股权投资产品都有涉及。

信贷基金业务还涉及那些为Plastix公司提供并购资金的债务投资者。如果大基金公司在试图挽救这笔投资时表现得过于强势，那么对那些持有Plastix公司股权的私募投资者来说，无论这种操作将会给他们带来哪些好处，都可能让大基金公司与这些交易对手之间的关系陷入紧张，因为他们也是支持和培育信贷基金业务健康运行的重要环节。大基金公司的每个人都衷心希望自己不会碰上这方面的问题。当然，主管合伙人也注意到了这一点，也清醒地知道，如果接下来的工作处理不当，那么公司的信贷基金业务就会受到影响。

我们不能随便把公司某项业务的优先度置于另外一项业务之上，也不能仅仅考虑陷入困境的投资项目的发展前景，而丝毫不顾信贷基金相关方的利益。我们知道，作为合作伙伴，我们需要尽可能把这两方面的利益协调周全。在此前的并购业务中，我们可能对待债务投资者过于强势，如今我们再也不能单纯考虑某一个投资项目而不顾其余了。

总而言之，无论是持续跟进一笔投资项目的进展，还是做好各只私募股权基金之间的利益协调，抑或是挽救一笔出现问题的投资项目，这些都充分说明，作为私募股权投资专家，必须具备勇于承担责任这一核心素质。

下一章，我们将会讨论私募股权投资运作逻辑的另一项重要内容：关注复杂问题。要有效识别问题，定量分析其中的风险，然后评估解决问题，明确由此所创造的价值。我们将分析，在投资时如何利用复杂性创造价值，以及复杂性如何为私募股权投资带来利润。

第五章

奋不顾身　火中取栗

世人眼中的混乱无序是私募股权行业眼中的诱人商机。

这是私募股权投资专家的核心理念。他们喜欢对一团乱麻进行梳理，喜欢对混乱局面进行破解，喜欢参与激烈的商战，并把对手驯得服服帖帖。在搜寻新的市场机会时，他们会积极涉足混乱局面，精心做好准备，在市场呈现出动荡不安的局面时，牢牢占据主动位置。当其他人都噤若寒蝉不敢动弹的时候，私募股权投资专家会从目标产业或竞争对手那里搜集数据，并根据这些数据，谨慎做出判断，果断采取行动。这些潜在的投资机会，可能是其他人未能看到的技术飞跃，可能是绝大多数人都无法预见的市场趋势，也可能是一个处于动荡中的周期性产业。竞争对手还在犹豫不决吗？别人无所作为，但对私募股权而言，是时候大干一场了，让投资者和自己都赚个盆满钵满。有些公司自诩为“战略投资者”，有些认为自己是“商业合作伙伴”，也有些更喜欢被看作“逆向投资者”。每家公司都形成了自己的投资风格，也有自己独特的投资操作模式。但是，各家公司的核心投资原则没什么两样：投资专家用投资者委托的资金，瞄准其他人难以从事或不愿从事的业务领域，付出艰辛的努力并从中寻觅投资良机。

这也就意味着，在实践当中，要想成为私募股权投资专家，就需要让自己深度涉足复杂问题。然而即使是接受这样一个简单的理念，其本身也是反常规的。如今，绝大多数人都希望保持简单的生活模式，做出简单的决定，过着“黑客”那样的生活，从而节约时间，提高工作效率，追求个人乐趣。我们会主动回避复杂问题，我们都喜欢简单明了。我们喜欢零工经济，许多时候都热衷于任务共担、成本共享。也许，我们已经丧失了钻研的本领，甚至一度连付出太多努力这样的念头，都已经从脑海里逐渐隐退。也许，我们喜欢快速解决各种难题，很多人都希望能够得到快速满足。私募股权从业者则正好相反，其原因在于，只有解决复杂的问题，才有可能带来更好的投资回报。他们的思维方式与众不同。他们喜欢解开谜团，因为那里可能隐藏着最为丰厚的回报。

让我们梳理一下其中的底层逻辑。相比于走捷径、抄答案，上述逻辑正好相反。他们并没有抄近道。身为私募股权投资专家，他们天生就抱着怀疑态度，天然喜欢刨根究底去调查、质疑、批判、解构。他们期待表层波澜不惊之下的激流涌动，当投资运行平稳顺利的时候，他们也不会轻易让自己放松打盹。在私募股权投资行业的基层小兵身上，这种特质就已经根深蒂固，而对那些已经身居高位的从业者来说，这些特质更是难以磨灭。同时，他们还能够快速高效地完成复杂的投资工作，如果需要的话，几周之内就能敲定高达数十亿美元的投资项目。

所有这一切都是由人工完成的。从财务数据的分析，到投资委员会的讨论，没有什么机器算法，也没有自动化操作。私募股权这个行业的运作，是由一群鲜活的从业者具体推动的，他们潜心沉浸在这个行业，一心干事创业，谨慎投资决策，持续跟踪推动，直到再次融资、转身离场。复杂性也会带来选择的机会，如果能够做出正确的选择，就能获得相应的回报。你无须成为一名金融专家，就能理解这与股票投资、在共同基金中分散投资、被动投资（无论规模多大）间的巨大差异。喜好复杂性，是私募股权行业最为重要的运行逻辑和最为显著的身份特征之一。

投资委员会对那些“触手可及的果实”不感兴趣，这类投资交易需要主动作为的领域并不多，在金融工程的协助之下，投资者就可以获得可观的投资回报。对那些经验丰富的私募股权从业人员来说，他们对这类交易实在是提不起精神。

轻易成功不会成就一个人的职业生涯，更不会铸就公司的市场声誉。为了增加养老基金的投资黏性，以及让那些首次委托资金的投资者能持续信任私募股权公司，积极购买从并购基金到信贷基金在内的各类投资产品，私募股权公司必须通过一系列成功的投资交易活动，让投资者另眼相看，同时还要加强投资管理，让投资业绩成为公司的名片。那些能够展现公司优异投资业绩的经典案例，才有资格挂在公司的网站上，才有可能吸引社会公众的关注。

这种投资逻辑是如何发挥作用的呢？为了说明这个问题，让我们深入研究一下 2008 年美国金融危机。全球主要央行和政府部门花了好几个月的时间，才让全球经济趋于稳定并开始复苏，在此之前，市场的恐慌情绪在持续蔓延。金融服务领域的恐慌情绪最为严重，这种情况在银行机构和保险公司那里体现得尤为明显。2008 年，美国国际集团（AIG）倒闭后，所有的保单持有人和各家保险公司的股东都变得忧心忡忡，担心他们所在的保险公司是否遭受同样的命运。如果他们的人寿保单一文不值了该怎么办？如果他们的房屋保单可能没法赔付了该怎么办？如果他们的营业中断保险、飓风保险等再也没法提供保障了该怎么办？如果他们所在的保险公司偿付能力出现问题，又该怎么办？

表面看起来，市场上几乎每家保险公司都像 AIG 一样，已经陷入了泥潭而无法自拔——即使这种担心根本就没有证据支撑。对绝大多数人来说，他们根本就不清楚保险行业背后到底是怎样的运行逻辑，他们也不知道保险公司资产的真实价值、负债项目的具体构成，更不用说拿别人的钱投资于这些领域了。这种情况简直令人瞠目结舌。这个规模达数万美元的庞大行业，一度被视为恒久不变，甚至无聊透顶，从业者总是身着单调的西装，打着一成不变的领带，如今却被推到了火山口上。这就是当时私募股权面临的投资环境。

当其他人都避之不及的时候，私募股权主动冲进了这片火海。

——— * ———

“我不喜欢这个项目。”

我们对投资委员会做的提案被驳回了，其中一位高级合伙人当场表示，对于继续推动这笔投资不感兴趣。这并不是因为提案的初衷有问题；大基金公司看好保险行业，在该行业不断积累投资经验，就连最老练的投资者沃伦·巴菲特，也喜欢重仓保险行业，开展规模庞大的交易活动，并从中获取丰厚的回报。这也并不是因为交易路径不合理；交易团队此前已经建议，低价收购一家表现低迷的大型保险公司，并在经济衰退期间进行整顿，扭转公司业务颓势，而不是花费数十年的时间，与监管机构反复拉锯，从无到有设立一家保险公司，然后再通过市场并购和自我积累，慢慢扩大业务规模。真正的症结在于，公司是否具备孤注一掷的勇气：在股票市场动荡不安、准确估值很难计算的情况下，基于未经验证、隐晦不明的投资设计，就敢于拿出数十亿美元的真金白银，公开投资于一家规模可观的上市公司。这到底是一个精心设计的投资创意，还是一个荒诞复杂的任性举措？部分合伙人认定，后者才是事实真相，并坚定地支持那些对此直言不讳的同事的观点。

他们确实有理由这样做。通用保险集团是一家臭名昭著、行事隐秘的公司，尽管已经上市，但信息披露严重不足。负责公司经营的是一些不太知名的高管人员，他们非常幸运，因为对公司事务缺乏积极性的股东对他们的要求极低。通过坐落于芝加哥、百慕大和伦敦的 6 家机构，公司开展了人寿保险、财产保险和意外保险业务，营销对象既包括个人客户，也包括机构客户，营销渠道多种多样，既包括像“夫妻店”等在线网络，也包括专门针对特殊商业风险的实体网点。公司的收入来源也十分多元，可能来自你为保障妈妈生命所投的保险，或是海湾石油管道为预防恐怖主义袭击或网络犯罪所投的保险，又或是摩天大楼为抵御飓风和其他自然灾害保险而投的保险。这是一个通过肆意扩张而成长壮大的业务，造成这种状况的部分原因，是公司高管过度自负、缺乏规划，而不是他们争创一流的决心和能力。

尽管金融市场并不关注通用保险集团的业绩表现，其股价还停留在三年前的水平上，但是，不可预见的大额索赔可能会影响到集团的偿付能力，这种可能性显而易见。彻底梳理清楚公司的承保业务情况，无疑是一项艰巨的任务。面对公司的保费收入，如果想调整其资产配置策略，很可能会引发监管机构和客户的不满。

这家公司从未面临过生死考验，但风平浪静的表面之下，是否隐藏着一些危机因素呢？这很难断然下结论，而且很容易引发外界担忧，甚至会让人心生疑惑。和大基金公司投资委员会合伙人持同样怀疑态度的并不在少数。保险行业每个精明的战略并购方都放弃了并购机会。还有哪些内容是大基金公司交易团队知道，而这个行业最精明的投资者所不知道的呢？交易团队对于潜在的风险是否做出了准确判断？他们真的发现了一笔划算的投资吗？

目标公司正在反击被并购的命运，这进一步加剧了大基金公司开展这笔投资的思想负担。交易团队与通用保险集团董事会的每次敏感谈判，都被泄露给外界媒体。同时，面对大基金公司提出的并购邀约，通用保险集团疑似正在以该邀约条款为基础，主动向大基金公司的竞争对手进行自我兜售。交易团队与通用保险集团管理层爆发了冲突，后者不认为私募股权会对自身的投资产生任何意义——他们想当然地认为，为了改善公司的发展前景，所有措施难道不是已经采取过了吗？对于如何经营一家保险公司，私募股权公司的人懂什么？大基金公司和目标企业之间的谈判氛围虽然还没有走向公然对立，但也远不能说是极具建设性或富有信任感。

即使这笔交易最终能够勉强达成，双方的这种沟通状态，也会使得大基金公司取得所有权之后，很难对目标公司的业务经营施加影响。交易团队毫不遮掩，坦然承认这些问题的存在，很明显，为了说服投资委员会批准这笔交易，他们必须付出更为艰苦的努力。

“别忘了此前的卫星投资。这笔投资的规模会更大。”

合伙人拿出了撒手锏。11 年前，当时还是大基金公司创始人亲自发起和推动交易落地，他与同一位合伙人一起，围绕公司在卫星领域的第一笔投资而不断努力。当时，私募股权投资于卫星行业，可谓闻所未闻。你在地球上根本看不到这些资产，更不用说出现问题进行维修了，而发射失败或出现故障的成本之高，足以令人望而却步。乍一看，投资卫星产业无疑是拥抱复杂性的典范。更进一步说，大基金公司所有投资人员当中，没有任何人具备卫星或火箭行业的工作经历，他们只是受过训练的金融专家。但是，经过深入实际的思考、踏踏实实的尽职调查和持续不懈的谈判，最终公司创始人发现了一座诱人的金矿。

创始人意识到，面对发射失败或者入轨故障等风险，可以通过购买保险的方式进行对冲，甚至在政府也是卫星大客户的情况下，还可以申请国家补助，从而降低保费支出。他发现，可以签订更长期限的合作合同，每年对价格进行指数化调整，加上客户很愿意续签合同，以保证数据传输等关键服务的连续性，综合这些因素来看，卫星业务的收入其实是有保障的。他把卫星公司的经营利润推升至60%，而且由于手头握有充盈的自由现金流，借款银行也被轻松说服，同意支持公司定期向投资者发放股息。卫星公司的估值翻了超过一倍之后，大基金公司通过IPO的方式轻松获利退出。这个案例给整个金融市场上了生动的一课。

大基金公司创始人把自己在投资委员会的职业生涯押注在这笔投资上，最后的结果证明，他赌对了，中了大奖。这笔交易的利润，相当于私募股权基金投资本金的10倍。对大基金公司来说，这是一笔标志性的成功投资，并促成了公司在卫星产业的其他多笔成功投资，在接下来的5年时间里，公司竞争对手始终处于落后追赶的状态。大基金公司的创始人以自己的远见卓识，赢得了市场的广泛认同。

在卫星项目投资过程中，合伙人当时还只是该项目交易团队中一个不起眼的小角色，现在他正战略性地引用公司过往光辉的投资经历，为交易团队向投资委员会汇报争取更多宝贵时间。他知道，交易团队还需要采取哪些措施，才能更令人信服：对这笔投资的价值做进一步阐述，把问题的复杂性进行细致剖析，并说服投资委员会，正如同卫星项目投资一样，看似疯狂的投资行为，实际上是完全可行的。引用过去的成功经历并不单纯是为了取悦创始人，这样做是为了说明，尽管保险行业十分复杂，但依然不能阻挡大基金公司对这个领域的浓厚兴趣。因为如果操作得当，投资结果将会相对确定，投资回报将远远超过投资风险。因此，交易团队所讲述的故事，是一个“优秀”而复杂的投资叙事，是为了证明交易团队力推这笔投资的动机所在，以及为什么他们被通用保险集团所吸引。

大基金公司之所以对保险行业产生浓厚兴趣，从根本上来说还是宏观经济环境的影响。大基金公司认为，金融危机所持续的时间，可能远低于金融市场的预期，因为美联储与其他国家央行紧密配合，采取了规模空前的量化宽松货币政策。当前因为银根紧缩而痛苦万分的市场机构，很快就会淹没在流动性充裕的汪洋大海当中。美联储新鲜出炉的近万亿美元现金，将会把股票市场和债券市场的价格拉升到新高，近几个月来饱受折磨的投资者很快就会把这段痛苦的经历抛在脑后。更直白地说，资产价格如此低廉的状态将不会持续多久。面对那些优质的投资对象，现在正是下场扫货的好时候。

通用保险集团的业务范围极为多元，这显然也属于投资的加分项。公司承保范围涉及 90 多个不同的业务条线，既包括全球某个地区标准化的房屋保险，也包括其他地区的飓风再保险，这些业务在很大程度上相互独立，也就是说，它们属于截然不同的独立风险项目。一项业务经营失败，一般不会引发其他领域的经营问题。加拿大航运船队投保保单引起的财产损失索赔，并不会导致加利福尼亚州娱乐业经营中断保单的索赔。这些保险业务之间互不相关，不仅如此，它们与宏观经济运行的状况也没有直接关系。尽管也存在一定的交叉风险和道德风险，比如说当市场流动性收紧的时候，保险索赔也会随之增加，但保险行业并不属于传统的周期性行业，当宏观经济形势不利的时候，保险行业受到的影响与传统产业并不相同。

实际上，交易团队已经发现，保险行业的供需状况对通用保险集团来说是比较有利的，即使其他行业的发展前景有些暗淡，但集团的保险费正呈现上涨趋势。过去由于保单承保管理决策不当，这家保险公司长年面临沉重的索赔压力，这种状况也导致新的保险费开始上涨。最难的日子已经熬过去了。保险费率正在上升，这意味着，保险行业的承保收益也在同步提高。因此，尽管保险公司的市场估值全面下跌，但这种下跌其实已经背离了这个行业的基本状况。整个保险行业相当健康，远远超过华尔街对这个行业的评价。通用保险集团正面临绝佳的市场机遇，有望推动其保单大幅增长，用更多的资金支持那些保费不断上涨的保单，取消费率一直转低的保单。也就是说，应更关注利润，而非市场份额。

但回顾过去，通用保险集团的所作所为却恰恰相反。当出现预期之外的损失，公司年度预算难以执行下去时，公司管理层就会陷入一片恐慌，匆忙撕毁与承保人的合同，仓促退出直接保险和再保险业务。而事实上，当整个行业开始提高续保费率以应对投保人的索赔需求时，相关业务很有可能也会随之好转。公司管理层担心，面对经营亏损或者战略失误，本就吹毛求疵的资本市场将会对此做出过激反应。基于这种考虑，尽管保险公司清醒地知道，这种经营策略并不能为公司创造价值，但他们依然墨守成规。他们已经丧失了积极进取的勇气。

作为投资领域的老手，大基金公司交易团队认识到，这种状况与不良投资存在相似之处。推动承保业务实现盈利的关键在于，当其他人因为恐惧不安而不敢行动的时候，自己要大胆地向那些坐拥大量优质保单的目标企业下手，抢在市场承保费率上升之前搞定这笔投资。在这方面，大基金公司的管理技术十分成熟，具体操作也很有经验。私募股权入股之后，交易团队能够提供协助，推动目标公司管理层走出自我束缚式的发展困境。他们可以为明星创收员工提供支持，排除公开市场的干扰，消除市场分析师的噪声，让这些员工大展身手。大基金公司还能帮助通用保险集团重新做好战略聚焦，通过一系列艰难的抉择，让这家公司在自己手中，逐渐成长为更具价值的市场机构。大基金公司从一家顶级会计师事务所聘请了 12 名精算师，对通用保险集团账上每一笔保单的盈亏状况和损失预期进行评估和判断。这项工作的目的是核实保险公司保留下来的业务是否合适，确定公司资产负债表上是否还有可以动用的资金，明确哪些领域需要继续投入资金。这是一项极其细致的工作，比竞争对手可能做的要详细得多。而且，这项尽职调查的成本也相当不菲，仅聘请精算师就花了400万美元。实际上，连为双方合作提供咨询的华尔街银行家都认为，交易团队的工作做得有点过头了。他们觉得，为什么不就精算数据做出合理的假设呢？这样就已经“足够”精确了。但是，大基金公司及其创始人不在乎其他人的看法。他们宁愿去蹚这样一条最难的路，而事实也最终证明，用数百万美元聘请精算师，这笔钱花得太值了，因为这些精算师通过核查发现，通用保险集团并没有潜藏的承保风险，这符合大基金公司的投资假设。一切都清清楚楚地摆在了台面上。

为了再增加一层投资保护措施，交易团队还聘请了专业从事保险领域法律事务的律师团队，针对通用保险集团账上高于设定金额的个人保险合同，对照精算师团队检查的数据，逐笔进行交叉复核。他们还会检查保险合同的条款约定是否符合财务模型的假设条件。律师团队对精算师团队的工作进行系统检查，交易团队交叉复核两组顾问团队的工作成果，同时24小时待命，随时准备解答大基金公司创始人对这笔投资提出的问题。

每一类保险业务的精算模型都有数百页，落到纸面上的每个字，都基于对承保人不厌其烦的细致问询。交易团队对财务分析报告进行了反复讨论，这项工作的强度之大，以至于他们连梦里都充斥着这些数据和表格。而通过这项全方位的细致工作，最终呈现出来的成果可谓是价值连城。通用保险集团的业务经营极度保守，尽管从集团层面来讲，超额亏损的风险很低，但由于其多元化的业务结构，加之风险厌恶型的经营理念，公司资产负债表上竟然还藏着3亿美元的盈余，即在应对理赔的需要之外，公司账上额外还有3亿美元的现金。

并购这家公司之后，这笔资金完全可以提取出来用于股息发放。

尽职调查还发现，通用保险集团的6个承保实体可以精简为2个，部分保险业务可以在线开展。设立6个机构来开展保险和再保险业务，这样做根本就没什么必要，只是让现任CEO觉得，这样更符合其作为上市公司大老板的身份。通过成本更低、更加高效的组织结构，公司完全可以实现同等程度的业务多元化，同时在这种组织结构下，更容易发现承保过程中的错误，也能够更有效地激励那些优秀的员工。组织结构的微调，还能够把因为层级复杂而被束缚的资金释放出来，这也意味着，公司可以投入更多的资金用于内生增长，或者“匀出来”用于分红。

除了业务重组蕴含的巨大增长潜力，通用保险集团还存在大量有待削减的冗余成本。比如，对公司没什么意义的高昂体育赛事赞助费，两架湾流私人飞机的管理维护费。一些经理的工作量不饱和，每周只需要工作4天。奖励计划制订的达成目标轻而易举就能实现。令人莫名其妙的是，公司养老金支出竟然居高不下，公司在这个领域的支出完全可以压降到监管部门设定的最低限度。IT部门人浮于事，许多项目都属于永远也不会真正创造价值的空中楼阁。一些低级的IT业务可以外包出去。

投资通用保险集团，其中的诱人之处远不止于此。

通用保险集团目前坐拥3亿美元的现金，在保险行业中这部分资金被称作“浮存金”。这些资金都是客户所缴纳的保费，其目的是应对潜在的保险索赔。集团管理层让这部分钱躺在账上，没有任何收益，也没有拿来购买主权债务资产。如果由大基金公司直接打理，那就可以通过组合投资的方式，把这些资金部分投资于大基金公司的信贷基金产品，部分委托给大基金公司精心挑选、评级较高的外部投资经理，由他们帮忙管理，这样一来，投资回报会好很多。通过这种方式，这部分现金可以创造额外的回报，这将有利于提高通用保险集团的盈利能力和市场价值。

随着投资委员会意识到，把目标资产收入囊中并直接参与公司管理，有可能带来更高的回报，他们此前一度极为挑剔的目光，如今逐渐柔和起来。私募股权已经发现了一个全新的业务领域，信贷基金也可以从中获益，这完全是有依据的，而且未来的市场空间十分广阔。当然，这类资产的管理需要遵循公平公正的商业原则，需要得到目标公司新董事会的批准才行。该董事会的成员任命和人员构成，都将由交易团队主导，同时，董事会成员当中还要包括大基金公司选聘的部分独立非执行董事。

对于投资对象还有哪些管理操作的空间呢？通用保险集团没有债务困扰，因此交易团队试图通过发行高收益债券的方式进行融资创新。对保险行业来说，这种融资方式可谓是开天辟地的创举，因为它们通常会极力避免投资低等级的信用债券。但是，如今市场利率已经接近于零，即使只有部分收益通过现金方式支付，债券投资者依然对高收益债券趋之若鹜。在这种情况下，公司发行高收益债券可谓正当其时。把一半的利息积攒起来，承诺未来支付给投资者（即“实物付息债券”的利息部分），也就是说，这部分债务的偿付责任将在多年之后，具体将由公司的下一位股东来承担。如果信贷市场的泡沫足够大，能够承受这种做法，那又何乐而不为呢？通过发行这种结构化的高收益债券，可以将该类业务置于行业监管的直接触角之外，公司对此可以自由定价，自由确定发行规模，直至公司所能承受的最高限度。由此募集的资金可以用于发放大额股息。

综上所述，结合之前的分析，通过对目标公司进行结构重组、财务重塑，由此所带来的股息，将使得大基金公司在并购通用保险集团的 12 个月时间内，轻松收回投资本金的 50% 以上。

在投资委员会开会讨论过程中，交易团队还着重强调，在大基金公司与投资者所签署的私募股权基金文件当中，有这样一项有利条款，那就是在基金投资过程中，一年之内收回的任意资金，大基金公司可以将其再次投资于其他项目。这种巧妙的条款设计被称作“投资再循环条款”，也就是说，只要是在条款约定期限内收回的资金，大基金公司都可以重复投资，从而增加了公司管理的资金规模。换句话说，如果大基金公司投资于通用保险集团的资金，在一年之内收回了 5 亿美元，那么公司就可以把这笔资金视作从投资者那里募集而来的全新资金，并再次把这部分资金用于项目投资。大基金公司用于赚取利润的投资本金，由此也同步增加了5亿美元，如果运作得当，公司还可以从中收取绩效分成。

如今形势正在发生变化，人们对这个项目的态度也在逐步变得更加积极和正面。他们所面对的，是一个准入门槛很高、监管要求严格、当前估值较低、规模相对庞大的投资标的。大基金公司拿出10亿美元的资金，所投资的是一个与私募股权基金其他投资项目没有直接联系，同时投资回报存在一定不确定性的行业。面对这家机构，大基金公司可以大展身手，充分调动多重杠杆，不断创造投资价值。这家机构有很多优秀的高管，下一步要提拔重用，也有一些平庸的人员，下一步需要清退。无论从表面来看，还是从实际操作来看，这都是一笔划算的投资买卖。

如果能够推动做成这样一笔标志性的投资项目，那么在保险这个需要专业经验、经营管理极为复杂的行业当中，大基金公司就会当仁不让地成为行业领头羊。大基金公司对通用保险集团开展尽职调查，为此支付了多项大笔开支，从聘请精算师、保险专业律师，到内部开展财务分析、实施战略评估等，这一系列措施让大基金公司遥遥领先于市场竞争对手。当竞争对手还不清楚大基金公司对保险行业的具体投资行为时，交易团队早已经对投资组合展开了深入研究，并着手开展下一笔保险领域的投资了。投资者会把大基金公司视作这种投资理念的创新者，随后私募股权行业的其他机构将会纷纷效仿，竞争对手也会羡慕大基金公司巧妙的投资设计。在整个投资过程中，大基金公司确实有许多值得称道的地方。

如果这笔交易获得成功，通过私募股权的运作，通用保险集团的盈利水平将得到提升，资本实力不断增强，与此同时，大基金公司也将赢得保险行业监管者的尊重和信任。到目前为止，保险行业监管机构与作为保险业务投资者的私募股权机构接触甚少，甚至很可能仍对它们持怀疑态度。勇于成为保险行业第一个吃螃蟹的人，也会让大基金公司获得优势。在未来几年时间里，如果大基金公司还想在保险行业攻城略地，那么这一优势就可以派上用场。

所有这一切都有待于大基金公司投资委员会的最终决断，只要他们认为，目标公司这座建筑没有着火，真正在燃烧的、问题重重的是目标公司所在的社区。这座建筑——通用保险集团——尽管目前一度失宠，但自身其实十分坚固，如果管理得当，公司完全可以重新焕发生机。AIG 集团倒闭之后，保险行业这个街区冒出了浓浓的黑烟，把目标公司笼罩了起来，大基金公司的交易团队通过艰苦努力，才真正看清了它的价值。而通用保险集团目前所急需的，正是一位独具慧眼的伯乐，透彻认清其价值所在，这样才能充分释放其发展潜力。它需要得到私募股权的帮助，因为仅凭自身的努力，很难取得关键性突破。大基金公司交易团队已经投入了上百个工时，每周工作 7 天，所有这一切都是为了揭示目标公司的内在价值。目前，一个精挑细选的全新管理团队已经到位，每位成员都熟悉保险业务，对于公司未来业务规划的重要内容，他们每个人都已经了然于心。此前一度看起来不可逾越的障碍，如今已经是一片坦途。

片刻之后，大基金公司创始人终于点头表示同意，这笔数十亿美元的投资交易尘埃落定。

—— * ——

我们可以将吸引私募股权投资专家的“好的复杂问题”，视作一条价值创造之路，对绝大多数人来说，他们是看不到这条道路的。令人欣慰的是，一旦发现这条道路，金银珠宝就会映入眼帘。这笔针对保险公司的投资，与此前针对卫星产业的投资一样，在私募股权投资者的眼里，它们都属于乍看之下荒诞不经的项目，完全是离经叛道，但事实上，它们背后都潜藏着冷静而理性的运行逻辑，并会带来高出初始投资额数倍的丰厚回报。

大多数时候，私募股权投资专家都能够让复杂问题迎刃而解，这充分证明，他们能够完成很多投资者所无法做到的事情。对复杂问题的关注，并不仅仅局限于某个特定行业，这在私募股权公司中普遍存在，这也是私募股权公司安身立命的根基所在。此前的介绍中，对保险行业的投资并不是针对一系列事件的简单下注，比如说赌大西洋飓风季节的影响是轻是重，或者企业的改革成果。交易团队所面对的是错综复杂的问题，把这些问题分解成能够直接影响价值创造或价值减损的杠杆因素后，就可以制定工作方案并主动采取解决措施。表面风光无限的投资专家必须团结协作，直到让投资看起来几乎轻而易举才行——从事后来看，这确实也没什么难度。

目前，私募股权投资专家正在推动更为复杂的投资交易，具体涉及科学技术的变革或者生命科学的演进等。对于全新的业务领域，他们总是能够以独特的投资视角切入进去，投资范围可谓是广阔无边。事后来看，这些投资都比较明智，而且从某种程度上来说甚至是显而易见的。在这个过程中，让他们感觉最困难的，其实是轻松决策之前所需要的沟通协调工作。正是私募股权投资专家的这种思辨方式和务实行动，使得投资者对他们日益倚重，并且这也是投资者持续投资私募股权的重要原因。

私募股权投资专家并没有为了获取高回报而有意承担巨大的风险，他们只是有与众不同的风险衡量方式。他们会做好扎实的基础性工作，以确保所承担的风险是值得的，至少由此带来的回报能够与风险匹配，他们相信结果最终可以实现。他们会通过思维导图，梳理一笔投资中可能发生的情况，分析投资成功所需的条件。整个过程可谓是艰难困苦，玉汝于成。

当然，最终的结果依然具有不确定性，投资的整个过程依然是一场豪赌，尽管他们坚信，自己判断正确的概率很高。在绝大多数时候，他们都能够判断准确，这正是投资收益源源不断的原因所在。

那些雄心勃勃的私募股权投资专家，是如何塑造出这种思维方式，使他们能够直面复杂问题，评估可接受风险，最终获取丰厚回报的？可以归结为以下一系列基于个人天赋和后天学习的特点。

- 愿意接受和探究未知事物，甚至是混乱局面，或者至少能够坦然接受显而易见的无秩序状态。
- 能够主动制订和执行合理的计划，以便搞清楚某个行业是否适合投资，以及如何才能安排好这笔投资，以获得最佳回报。
- 勇于承认未知的事物，获取有关投资交易的必要信息，以妥善管理好投资者委托的资金，同时勇于承认错误并努力加以改正。
- 永不满足地追求好的投资机会，想方设法加以改进。
- 清醒地认识到，为推动一项投资取得成功所需要的改变，无论多么困难，是否符合实际，是否可以实现。
- 既充满耐心，又不乏求知欲，广泛搜集数据展开分析，坚信基于数据资料和谨慎判断做出的决策，最终能够创造价值。
- 具备相应的情商和同理心，能够认识到，在投资中那些从事最艰苦工作并由此创造价值的人，当属企业的管理层以及员工，并且愿意挖掘提拔这些人才，并与其展开密切合作。

在投资最开始的时候，私募股权投资专家寻找投资目标，并将投资目标彼时的业务状况，与投资中他们对其成长的预期进行对照。当他们观察到一笔投资价值的增长以及投资出现偏差的风险时，他们会日复一日地问自己："这一切都能行得通吗？"

时钟拨回到2020年和2021年，当时市场上到处都是失火的建筑，而私募股权投资专家正一个个奋不顾身，如飞蛾扑火一般投入其中。私募股权投资专家分析了受到新冠疫情影响的相关业务，全面关注其积极因素和不利影响，并充分揭示了在这种经济形势下，如何才能获得令人欣羡的投资回报。通常，这类投资需要通过结构化方式进行，比如贷款、股债结合，或者拥有二者特点的优先股等混合融资工具。即使当时几乎没有人出游，他们依然积极投资于航空、旅游、汽车租赁等领域的知名品牌，因为他们预计未来这些领域终将复苏。同时，他们也投资于危机期间那些更为活跃的业务领域，比如包括医院和药物研发在内的生命科学领域。正如十几年前的金融危机一样，新冠疫情期间私募股权的投资活动，也属于该行业拥抱复杂性的一个典型案例。

在这些案例中，都有私募股权从业者活跃的身影。私募股权公司债务类投资业务的逐渐兴起，凸显了传统银行充当信贷提供者的角色正在被取代。私募股权之所以能够占据这些空白的业务领域，部分原因在于，金融危机之后，银行机构发现这类融资业务的管理过于烦琐。在很多情况下，如果没有私募股权投资的参与，这类投资业务可能根本就不会在市场上出现。

面对严峻的宏观经济形势，以及时不时出现的复杂投资需求，尤其是涉及规模高达上亿美元甚至数十亿美元的投资，此时，私募股权是唯一愿意并有能力提供资金支持的市场金融机构。相对而言，政府拨款或者贷款的成本要更低一些，但极为稀缺。贷款银行可以提供低成本的债务融资，但有时候，却不能成为可供选择的服务项目。

这两种融资方式，无论哪种都无法与私募股权投资相媲美，因为只有后者才能与目标公司的管理层建立起紧密的合作关系，持续关注其业务经营，全面掌控复杂局面，并透彻了解如何才能找到破题之道。当我们关注到私募股权的快速成长，承认它对经济增长和市场机构做出的贡献时，也必须坦然承认，相比于其他融资方式，私募股权投资的资金成本要更加昂贵，具体合同条款要更加烦琐。私募股权投资的市场地位越高，它的合作要价能力就越强。如今，私募股权投资往往要求两位数的投资回报，市场对此已经习以为常。投资者需要私募股权投资，企业也愿意与它们合作。

一心一意关注结果，是帮助私募股权专家在复杂的交易中取得成功的重要特点之一。下一章，我们将重点介绍这个特点，因为从这个特点出发展开分析，才能帮助我们以全新的视角，深入分析私募股权行业的具体运作。这一特点也充分揭示了，公司的收费设计以及相应的投资者激励，是如何与投资最终业绩明确挂钩的。而有时候，私募股权投资可能会出现问题，到底原因何在，从上述特点中我们也可以窥视一二。

第六章

法无定式　水无常形

“当上合伙人，你至少可以赚 1 亿美元。”

午夜已过，负责福德玛（Food mart）项目的交易团队中两名投资助理在埋头于 Excel 表格的同时，忙里偷闲开起了玩笑。福德玛是美国一家食品零售连锁店，大基金公司管理的一只著名基金正在对福德玛实施杠杆并购，他们正在更新相关的财务模型数据。这两个年轻人都是 20 多岁的样子。从沃顿商学院毕业之后，他们在高盛公司的投资银行部工作了两年，之后被大基金公司招入麾下。他们正在回忆入职第一周的时候，大基金公司人力资源部前负责人所做的培训演讲。这位负责人令人印象深刻，但给人一副缺乏安全感的样子，据说他还曾经自导自演，给自己组织了惊喜生日派对。

尽管两人入职公司的时间隔了三年，但人力资源主管对两人发表了同样的演讲，其中都提到了“1 亿美元”。这句话本身没什么问题，每当新员工入职的时候，公司就会向其宣传，如果长期就职大基金公司且职业生涯取得成功，就有机会赚取这样的高收入。这一切都是在公司上市之前的事情了。

大基金公司上市之后，情况发生了变化，如今薪酬待遇已经成为公司内部不能公开讨论的敏感话题，截至目前，这个敏感话题的清单还在不断拉长。尽管如此，在为投资委员会整理福德玛公司的数据资料时，两人脑海里仍然不时浮现出入职时的那张财富蓝图。虽然他们的日常工作中充斥着海量的资金（以及成倍规模的杠杆资金），但那张财富蓝图的规模依然超出了他们的想象。

尽管两人每天都努力工作，但他们知道，许多人对他们的职业选择持怀疑态度。参加聚会时，他们的一些大学朋友总会开启对私募股权的话语攻击，认为这个行业赚了很多钱，却没有创造什么价值。类似的说辞，如今这两个人已经听得耳朵起了老茧，这种说法的具体逻辑是这样的：私募股权投资者瞄准弱势机构，通过并购将其收入囊中，然后让这家机构大举借债，再大幅压缩成本，最后卖掉公司以迅速获利。这就是金融工程——私募股权基金就相当于金融市场上的炒房者[①]。一切工作的主要目标，都是迅速出手获取可观的利润，除此之外，其他任何经营管理活动的改善都是多余的。私募股权投资的具体运作，不仅套路固定，而且完全可以预测。

尽管从事私募股权投资工作的时间还不长，但这两个年轻人知道，这种说法完全是无稽之谈。他们通宵达旦辛勤工作的每一

---

① 炒房者是指购买低价房屋，进行装修和翻新后再以高价出售的人。——译者注

分、每一秒都可以证明这一点。私募股权投资主管向投资委员会汇报的投资方案，绝对不可能用一张餐巾纸的背面就轻易写好。他们绝不会把投资者的钱或者自己的职业生涯，押注在那些自私自利的投资计划上以获取现金，然后把剩下的烂摊子留给下一位买家。他们也不会天真地认为，仅凭目光短浅、不成熟的投资理念，就可以轻松收取基金管理费并获得业绩分成。他们深知，如果运用这种方式，那么投资业务注定无法持久。他们在每天的日常工作中都能够清楚地看到这些。

每家私募股权公司都有自己的投资管理策略，这些策略已经在历次投资实务中得到了充分验证，而其中最常采用的，就是通过经营调整和财务变革相结合的方式，来改善目标公司的经营管理情况。每位合伙人都参与过很多已经完结的投资案例，其中既有成功的经验，也有失败的教训。但事实上，这些管理策略只是指导性的，并不能保证各项措施必定行得通。每个投资项目在启动之初，都需要制订战略规划、确定经营计划，而由此形成的发展蓝图，或者为应对新情况而做出的调整，都属于未来几年价值创造的核心内容。给目标公司增加杠杆，只是这种发展蓝图的一部分内容。相关的发展战略必须经过实践检验，证明其准确可靠，才能让私募股权公司最终成功获利退出。

作为被私募股权收购的公司的下一任潜在所有者，无论是公开市场买家，还是另外一只私募股权基金，抑或是公司买家，他们都不愿意去购买一家被粉饰过的公司。这些买家将通过量化的方式，评估在私募股权投资持股期间，目标公司在业务经营和财务状况方面的改善情况，如果在此期间，目标公司仅仅是发行高收益债券、降低成本、支付股息，那么作为潜在买家的他们将不会被轻易说动。

对私募股权投资专家来说，并不存在放之四海而皆准的资产管理模式。与此相反，要想获得成功，他们必须保持专注，确定每笔投资的回报水平与其风险状况相匹配，并将目标公司作为实现这一目标的经营载体。重要的是，无论面临多少不确定性因素，都必须时刻关注目标公司的经营状况。如果有必要的话，他们甚至可能推翻此前投资委员会已经批准的投资策略和经营方案。或者，由于存在经营业绩不佳或思想不一致等问题，他们可能会替换掉那些看起来合适的管理团队和董事会，引入全新的高管团队和非执行董事会成员。只要有利于业绩改善，所有方案都可以考虑。只要能够为投资者创造价值，一切措施都有可能实施。

福德玛交易团队的这两名年轻人正在努力学习的一项关键特质是，在一心一意关注投资业绩的同时，也注重方式方法的灵活性和创造性。他们不能退缩。无论是直接并购目标公司，还是为其提供债务融资，这两位投资助理心里都知道，他们所在的投资团队能够操控目标公司的董事会，并影响公司的经营管理，具体影响的方式取决于资金投入的方式，是直接并购，还是提供借款，又或者是两者结合起来。他们完全有能力影响目标公司的成长轨迹，改善公司的发展前景。他们的一举一动都受到公司管理层的热切关注。他们是主动型资金管理人，相比于其他资产管理者，他们的管理方式要更加主动。他们迫切希望能够成功获取投资回报，为了达成这样的目标，他们可以充分发挥自己的主观能动性。目标公司就如同一张空白的画布一样，等待他们描绘诱人的蓝图，当最终退出的时候，目标公司将以最有利于实现利润的舞台姿态，欢送他们谢幕离场。

如今，这两位投资助理已经明白，把投资回报放在首位才是解决一切问题的关键。他们脑子里已经牢牢树立起这样的概念，无时无刻不在反复计算，一笔投资将为投资者创造多少回报，将为公司带来多少利润。他们会反复权衡回报，到底是令人惊喜的正收益，还是让人失望的损失。他们会持续监测目标公司的利润增长和现金流状况。他们会时刻关注投资的时间进度，绝不错过获利退出的时机。对于自己能从一笔投资中赚取多少回报，包括附带权益，交易团队的每个人心里都有个大致的概念。

因此，对满怀抱负的私募股权投资专家来说，他们清楚地知道，无论重重迷雾如何遮蔽他们的双眼，这一切其实都没什么要紧的，只要自己具备（或者快速获得）获利退出的能力就行了。接下来，以面临重大问题的某笔投资为例，让我们更细致地看一下，在具体投资活动中，这一切是如何运行的。

—— * ——

那是 2020 年。美国经济运行疲软，在联邦政府的财政刺激和美联储的货币政策支持下，市场勉强维持运转，而与此同时，消费领域和工业生产正逐渐从新冠疫情引发的经济衰退中走出来。未来至少两年里，整体经济运行的宏观前景都不明朗。金融市场在经济衰退期间遭受重挫。在这种乌云笼罩的形势下，大基金公司并购了一家服务于中产阶级的食品零售企业，这笔投资的价值在于，无论情况如何变化，民以食为天。

福德玛公司瞄准的是美国二、三线城市的客户，以实惠的价格为其提供杂货和家庭日常食物。长期以来，这家公司一直由家族掌控，随着创始人年龄的增长，他正在考虑退休，但家族内没有合适的继承人，因此公司如今正面临领导人交班的一系列问题。公司也需要进行现代化改造，以应对电商同行的竞争压力。在银行主持下，公司公开拍卖自己的股权。大基金公司的合伙人与这个家族关系紧密，多年来一直保持着联系，由此也掌握了一些内线消息。考虑到大基金公司历史上已经有多笔对食品零售行业的投资记录，并与供货商、物流企业和消费品跨国公司建立了良好的合作关系，一旦接手福德玛公司，就可以着手进行业务调整。这看起来好像是天作之合。大基金公司负责这笔投资的合伙人同意福德玛公司创始人可以保留 15% 的股份，以分享未来公司成长的回报，同时他还通过协商，希望由私募股权基金主导这笔投资。

大基金公司收购福德玛公司的时候，正值其增长步伐放缓时期。福德玛公司零售店的客户群体多为中产阶层，他们的忠诚度很高，但随着年龄的增长，他们的消费能力不强了。年轻多金的白领客户更喜欢通过其他渠道购物，即使需要支付更高的价格。福德玛公司保守的品牌形象对他们没有什么吸引力。公司目标群体的形象和感受已经过时了。大基金公司的合伙人认为，福德玛公司正像冰块一样逐渐融化，为了避免这种结局，他计划对其进行一些调整，包括更新商铺店面、迎合客户的需求、颠覆传统营销方式等，以此来提高销售价格，改善盈利状况。公司计划在三年内完成转型升级。通过构建全新的在线销售渠道，投资于信息科技和物流渠道，进一步完善福德玛公司未来几年的战略发展蓝图。

大基金公司坚信，福德玛公司的老股东大幅低估了这家公司核心资产的价值。这家公司的房产投资组合、店面和仓库网络，都是40年之前以很低的价格建立起来的。这些资产由公司全资拥有，其中许多都坐落于令人羡慕的城市高档社区，近年来一直受到市场关注。近几十年来，商业地产的价格正在持续上涨，有鉴于此，公司的底层资产就好像是一座有待挖掘的金矿，其价值能与福德玛公司本身的业务相提并论。创始人家族没有考虑过出售物业这种做法，因为这不符合他们“美国梦”的奋斗理念。他们经常挂在嘴边的说法是，无论如何都不能把房子卖掉。

但对大基金公司来说，他们可不会被这种简单直接的固有思维所束缚，他们开始分析如何把福德玛公司拆分成经营机构（“营业实体”）和物业机构（“地产实体”）。交易团队的投资助理开始连夜加班，分析评估在公司转型过程中，通过这种方式重组房地产投资组合，将会额外创造多少利润。交易团队给出了两条操作路径：一是把房地产拆分出售，卖给出价最高者，然后通过租赁获得部分房地产用于零售业务经营；二是按照当前市场价格的80%，把这部分房地产完整出租出去。这些房地产根本不缺乏有竞争力的报价，华尔街的银行也都乐于以最低的利率为此提供融资支持。

大基金公司最终选择了第二种方案——完整出租房地产。因为投资委员会坚信，房地产价值未来仍将持续增长，借款银行会同意，以这些房地产为抵押借得的几乎全部款项，都可以用于发放红利。分红规模如此庞大，以至于杠杆并购投资之后的6个月之内，私募股权基金就已经全部收回了本金。这就意味着，从此之后，私募股权基金的每一笔收入，都属于投资者和大基金公司的利润——正如有人说的那样，“剩下的都是好东西了”。鉴于这种情况，交易团队更加积极主动地努力推动福德玛公司业务快速转型，因为投资者已经回本了。

但是，12个月过去了，冷冰冰的现实证明，大基金公司对福德玛的改造并不成功。交易团队已经预见到其中部分问题，比如，一些社区内的店面由于新组建的管理团队认为其高端化转型不会成功而被关闭，引发了社区居民的不满。交易团队预计，随着其他零售商进入这些受到影响的地区，这些问题将逐渐得到缓解。更棘手的是，那些有钱的年轻人并没有像此前预期的那样，涌入装饰一新的店里进行采购，而且数据显示，未来也看不到任何改善的迹象。

这些问题出现的原因显而易见，而且预计短时间内也难以得到有效解决。食品零售行业刚刚经历了一场剧烈震荡。福德玛公司的竞争对手意外被一家在线消费品巨头直接收购，该巨头采用的管理策略是继续保留相应的门店，同时在线提供折扣优惠，向消费者出售基本的日用杂货和家居用品，并且可以在全美范围内免费送货。这种策略十分有效。各类客户纷纷登录其网站，轻松点击一下鼠标，就完成了每周的采购。福德玛公司刚刚推出的在线商城无法与之相提并论。这家在线消费品巨头不仅拥有强大的财务实力，而且具备便捷的物流资源，其实力十分雄厚，连全球最大的私募股权基金可能都自叹不如。以此为基础，它还展开了价格竞争，降价范围既包括面包、鳄梨等在内的新鲜食物，也包括香皂、卫生纸等家居用品。这家公司的竞争姿态极为果断，作为竞争对手的福德玛公司被打了个措手不及。

情况已经十分危急，如果不主动实施转型，那么用不了多久，福德玛公司很可能也会成为在线购物变革过程中，被竞争浪潮席卷而去的众多实体零售企业中的一员。公司急需重新明确市场定位。此前福德玛公司在杠杆并购过程中发行的高收益债券，目前正被债券投资者竞相抛售，债券价格已经跌至面值的 70% 。如果再不采取措施，大基金公司就只能坐以待毙了。

大基金公司负责这笔投资的合伙人给福德玛公司管理团队下了命令，要求他们在 60 天时间里，全面搜集有关公司门店以及会员客户的实时数据，详细说明哪些产品受到市场欢迎，哪些不受欢迎，公司能提供哪些竞争对手所无法提供的产品服务，尤其是要与新的电商竞争对手进行详细比对。交易团队开展意见调查，重新分析市场定价情况，与供应商展开谈判，以寻求通过更加合理、更加低成本的方式采购优质货源。大基金公司也聘用了食品零售行业的前高管，对相关数据进行交叉复核。同时，组建了一支顾问小组来唱反调，以确保根据这些数据做出的决策得到全方位的评估审核。

通过数据分析，交易团队得到的是一个符合直观认知的现实。在线购物相对而言更为简便，但缺乏店内购物时与商品的必要接触，而当消费者购买新鲜食物而非包装商品的时候，这种直接的接触显得更加重要。顾客喜欢购买“日用奢侈品”，也就是那些品质更好的日常食品，这些食品的产地和制作工艺对身体和环境更加友好——只要这些支出别让他们破产就行。他们希望为家人购买更好的商品，在购物的时候，如果有了解产品情况、积极主动的店员提供帮助就好了。他们并不完全相信从网上购买的新鲜食物总是新鲜的，也不认为通过快递收到的商品，与自己在店里挑选的东西会完全一样。顾客认为忠诚是双向的，他们愿意多付一点钱，但希望能够因此得到好的商品。顾客也希望自己成为某个品牌或商家的一分子，作为回馈，他们也会保持忠诚，并主动进行口碑推荐。

鉴于当前的管理战略没能有效发挥作用，交易团队决定调整战略方向以实现跨越式发展。他们必须迅速采取行动，即使针对福德玛公司的改进战略仍在制定当中，他们也要开始在棋盘上移动棋子。他们决定，根据搜集的数据做出调整，而不是坐等大家慢慢商议以确定完美的解决方案。过度追求完美是成功的大敌。

调整投资的主题策略，这项工作说起来容易，做起来却十分困难。作为风险高企的私募股权行业，首先承认失败就不容易，然后还要在同事面前公开认错，更别说许多人都是平时心高气傲的头部合伙人。他们担心失去别人的信任，担心被视为不够优秀的投资管理人。由于投资决策权力高度集中，高层投资圈子很小，投资委员会运作方式公开透明，基层员工也见识过合伙人因决策失误和领导不力所导致的降职降薪，因此，这一切都进一步加剧了他们的担心。每个人的所作所为大家都看得一清二楚，每个人都与自己所负责的项目紧密联系在一起。从这个角度来说，一切都无所遁形。

福德玛项目投资合伙人勇敢接受了挑战，并向投资委员会做了汇报。福德玛公司必须重塑品牌形象，围绕新鲜食物的概念做文章，打造购物社区理念，实施客户忠诚计划，并把资源向独立的小型供应商倾斜。尽管店内价格可能会稍高一些，但客户进店之后，能够亲眼见到、亲身体会到购物的价值。公司将放弃向高端市场发展的野心，重新进行市场定位，以吸引所有类型客户的关注，让客户切实体会到，实体店的购物之旅是一趟不虚此行的快乐体验。这意味着，客户可以免费品尝到优质食物，收银处将会提供免费的可循环优质包装纸袋，门店店员将主动帮忙打包货物，围绕应季农产品提供有价值的购物建议。店内购物将变成一种享受，而不是难以忍受的负担。

“你确定，这次的方案一定会发挥作用吗？”

作为自身工作的一部分，投资项目合伙人需要巧妙应对那些挑剔苛刻的同事的质疑和评论。投资委员会内部的氛围极为压抑，团队自责愧疚的同时，还必须表现出坚定的决心，推动大家同意投资调整建议。大基金公司在运作过程中，其中一项重要的内容，就是为交易团队提供具有建设性和谨慎性的建议，即使有时候这些建议听起来言辞十分严厉。对于分散在会议室角落旁观这一场面的投资助理来说，整个过程就如同是披着文明外衣的血腥角斗场一样。如今，争吵过程中拍桌子的作用已经不大，以扎实的数据为支撑，机敏迅捷而又深思熟虑过的回应，比单纯提高嗓门大吼大叫更有说服力。

两个小时之后，大基金公司确定了未来针对这笔投资的管理思路。投资委员会支持福德玛公司的全新发展蓝图，尽管最终实现这个蓝图要比原来多几年时间，但预期获得的利润将与最初承诺的水平保持一致。福德玛公司将围绕“新鲜农场”的形象进行重塑，这个品牌意味着，公司将从优选供货商那里按照日常采购价购进新鲜的农产品。所有产品都要做到新鲜可口、绿色有机，或者至少差不多。公司将打造一个“从农场到餐桌”的供应模式，产品来自诚恳的当地农民，他们信任“新鲜农场”来销售他们的货物。商品价格将保持适中，尽管在物价更高的地区可能会稍贵一些，但没有人会过于介意。针对那些定期在商店购物的客户，忠诚计划项目将为他们提供慷慨的现金返还优惠。公司的所有经营管理活动，都不能按照华尔街那些传统的套路来操作。

这项战略调整最终大获成功。“新鲜农场”塑造了一种绿色的品牌形象，会员数量猛增，无论是直观视角还是切实体会，这些店面更像是一个社区，而不是一个冷冰冰的投资项目。那些还没有店面进驻的小镇，甚至请求公司尽快设点开业。交易团队抓住了最有利的市场时机，其中包括人们对新鲜农场竞争对手背后的大型科技公司的反感，对有机食品的偏好，以及重新焕发出对邻里社区的热情。小型供应商的议价能力比不上大型机构，因此集团能够在令供应链系统每个部分都满意的同时，努力提高利润。一年之后，新鲜农场公司上市，而且股价大幅飙升。

面对疫情的冲击，部分店面被迫临时关闭，此时交易团队起到了定海神针的作用。针对活跃的忠诚计划客户，公司提供免费的送货上门服务，这一切也离不开作为竞争对手的电商巨头所提供的科技支撑和物流协助。食品总是十分新鲜，按时送达，在疫情封控期间，公司日益被顾客看作生活社区的一部分。公司股价再次上涨了30%，大基金公司也通过一系列卖出交易，逐渐降低自己的持股份额。在两年时间里，大基金公司所实现的回报，已经超过了原始投资本金的三倍之多。

纵观整个投资策略的转变，交易团队在评估这笔投资时，所采取的最重要的分析视角：一方面是投资者预期的回报，另一方面是继续投资面临的风险。根据搜集的数据、行业专家的建议以及具体落地的经验，公司定位从专注于高端零售商转到针对所有客户的绿色有机供货商，这一转变充分体现了重大战略思维的转变。面对这种竞争态势，竞争对手储备了更多的资金，一旦面临价格战，其支出将远超新鲜农场。被逼到角落里的公司所拥有的，是一个意志坚定的所有者，它能够迅速做出调整，及时改变策略，面对竞争的严峻态势，就如同是拳击手，与对手直接进行肉搏战。这是处于最佳竞争状态的私募股权基金。如果没有私募股权基金的帮助，福德玛公司必将会在与电商巨头的竞争中败下阵来，对此所有人都心知肚明。

大基金公司在这笔投资中又得到了哪些回报呢？投资于新鲜

农场的资金是3亿美元，最终收回来9亿美元。这笔成功的投资，创造了6亿美元的回报。对于这样的投资业绩，大基金公司的投资者可谓是大喜过望。大基金公司的利润分成和管理费超过1亿美元。公司的公开市场股东通过分红大约拿走了一半，另一半用于自我积累，并分配给投资专家。作为公司最大的股东，创始人也拿到了分红，并把这些分红的一部分用于科技领域的投资，另一部分用于购买现代艺术收藏。

—— * ——

在福德玛公司的这笔投资中，负责这笔投资管理的只有少数几个人，通过他们的管理，福德玛公司发生了如此深刻的变化，这一点让人印象尤为深刻。在交易团队必须迅速重新评估、收集相关数据、调整投资方向时，如果是严苛僵化的管理体制，根本不可能出现如此充分的授权，也不会出现这么快的执行效率。大基金公司的投资委员会绝对不会在这些方面拖后腿。负责这笔投资的投资人员，尽管只能从这笔投资中分得一小部分回报，但仍然不屈不挠、无所畏惧，因为他们知道，大基金公司将成为他们的坚强后盾。他们是密不可分的利益共同体。

投资者和大基金公司经济利益的一致性，是二者共同成功的基础。投资者赚得越多，大基金公司就赚得越多，投资专家自己能拿走的也就越多。因此，投资专家越优秀，就越能经常做出正确的交易决策，从而拿到更多分成。私募股权投资的回报状况，决定着投资者所获得的回报水平，这就是两方都重视每笔投资回报的原因。

当然，事情并不总是一帆风顺。大多数公司都有交易失败的例子，在这些投资案例中，尽管各方利益协调一致，投资目标清晰明确，但几年过后，最终投资回报却寥寥无几，或者根本没有收益，甚至造成投资本金的损失。有时候，交易团队可能全身心投入救火现场，太过专注于投资目标的达成，以至于丧失了批判性思维。他们可能会误判整个形势，深陷泥潭而无法自拔。出现这种投资盲区的一个常见原因是，他们没有把控好投资成功的一项关键环节，稍后我们将对此加以分析。

出现这种情况时，投资专家的行为可能出现偏差。他们会与投资者之间保持利益一致，但彼此之间的透明度可能有所减弱，而这对各方共同成功至关重要。对于投资活动的真实状况，他们可能无法秉持最为坦率的态度，无法坦然面对现实情况。在投资委员会会议上，交易团队所展示的预期回报情况，可能倾向于过度乐观而不切实际。不利情况通过巧妙的手法被伪装成有利情况，而真正的情况实际上要糟糕得多。大基金公司合伙人在接下来的投资活动中的表现，正是如此。

在大基金公司成功投资于新鲜农场项目之后，让我们把时间快进 12 个月，看一下交易团队在面对类似行业某个新投资目标时的表现。

—— * ——

投资委员会正在激烈讨论，拟以 3 亿美元投资于一家欧洲的食品零售企业，这家企业刚刚从一家国际食品和消费品集团剥离出来。人们预计，这笔投资即将成为大基金公司再次快速成功的经典案例，此前公司面对食品零售企业的复杂市场环境，成功实施了一系列调整改造，并最终为投资者带来了不菲的回报。但是这次，投资出了问题。

交易团队制定的战略规划参照了新鲜农场项目的操作经验：向各类客户群体提供价格适中的新鲜农产品、当地生产的食品和绿色有机日常食品，并以此打造生活社区的品牌形象。而对卖方而言，10 年来其一直设法改善目标公司的经营状况，但经过一系列不尽如人意的管理变革后，最终不得不宣布放弃。如今，这家零售企业已经被大基金公司的私募股权基金收入囊中，负责新鲜农场项目的合伙人充满自信，他认为自己会做得更好。投资交易完成之后不久，合伙人就迅速开始帮助目标公司打造“有机食品”的市场标签。尽管早期的销售数据比较好看，但很快产品销售就陷入停滞状态。一年之后，这个项目已经远远落后于预期进度，损失缺口还在持续扩大。

来自各个门店和客户的最新数据也令人担忧。在市场看来，公司形象虽然经过了精心的设计，但只不过是昙花一现。独立的供货商更喜欢与诸如法国和德国等欧洲当地的商店合作，而不喜欢与美国私募股权控制的连锁店进行业务往来。相应的调整措施也没能打动消费者，装饰一新的店铺里面近乎空无一人。当投资委员会查看相关数据的时候，各个投资专家的反应可谓既担心又生气。他们希望提供帮助，但也掩饰不住对于这笔投资糟糕表现的极度失望，尤其是投资才刚刚开始，就出现这样糟糕的状况。

会议上有位执拗的投资专家发表了一句令人尴尬的言论，意在刺痛相关合伙人：“我觉得，单纯凭借一笔投资，并不会让我们立即成为这个领域的专家。”

负责此项目的合伙人觉得自尊心受到了打击，为此他花了10分钟不停地为交易团队和自己进行辩解。他回顾了自己过去几十年来的业绩记录，就像在为自己的简历做广告宣传一样。他所提到的历史投资业绩都没有问题，但对解决当前的问题却丝毫没有什么助益。他的这场独角戏并不妥当，这不仅仅是因为过往投资业绩并不能保证未来的投资表现。这段简短的演讲，既体现了他的自以为是，同时还有点孤注一掷的绝望。更重要的是，他所做的反应没有经过深入的思考，投资委员会问的是对于这笔投资的商业判断，正确的回答应当是如何找到最佳的解决方案。之前的评价是有点尖锐，但绝非人身攻击，然而，极度渴望获得成功的巨大压力，已经彻底蒙蔽了他的双眼。

负责这笔投资的合伙人要求，继续向目标公司投入更多的资金，以解决公司的流动性问题。投资委员会部分成员善意地建议，将目标资产按照地域拆分，以利于后续处置，对此建议他选择视而不见。他坚持要把目标公司的管理团队全部扫地出门，而之前他却认为这些人完全符合岗位要求。他计划把竞争对手的核心高管挖过来，尽管他也知道后者要价将非常之高。他抱怨说，食品零售领域的竞争对手正联合起来，反对有机商品。他也描绘了未来美妙的前景，公司将从中赚取可观的利润。他坚信这笔投资能够像自己设想的那样，继续为公司创造价值。他没有直接回答投资委员会的提问，与此相反，他针对提问者的问题进行了粗暴反击。说完这些，他停下来平复一下情绪，环顾会议室四周，希望看到支持自己观点的迹象。

没有人对此表示支持。他让团队大失所望。在这个投资合伙人令人失望的演讲过程中，大基金公司创始人全程保持沉默，最后终于开口，在说了几句客套话之后，温和地指示此事私下再谈。

48 小时之后，在一个只有最高级合伙人和公司创始人参加的更小范围会议上，投资合伙人继续大谈特谈有机食品的概念。此时他已经冷静下来，并劝创始人再给他一次机会，把这笔投资盘活起来，但最终仅部分要求获得批准。会议批准了一项精简的行动计划，并要求比往常更频繁地汇报进展情况。

新的管理层已经到位，着手制定改善方案，他们认为，与旧方案相比，新方案将能够更好地改善目标公司经营状况。他们希望让各个店面从外观装饰和内部体验上都更接地气，降低产品价格以吸引客户。对于这些努力，我们必须肯定其中的用心良苦。

然而，无论这些决策的过程是如何艰难，流程是如何高效，也无论业务经营进行了多少次调整，这些措施都没有发挥作用。投资合伙人不仅没有调整大方向，或者坦诚寻求帮助，反而越陷越深，新的解决思路已经逐渐枯竭，时间却越拖越久。投资委员会不再频繁地收到报告，尽管并没有故意直接隐瞒或者误导同事，他却开始采用“有限度地披露信息”的做法，向公司报告工作进展。他已经展现出一种背水一战的悲壮心态。

经过了 12 个月的徒劳，投资委员会的耐心最终消磨殆尽，并直接接管了这笔投资。有机食品公司被卖给了在当地股票交易所上市的一家特殊目的并购公司（Special Purpose Acquisition Company，简写为SPAC）。SPAC是一个资金池，从投资者那里募集资金用来购买某项资产，具体的运作时间由负责SPAC运营的高管层来决定。通常情况下，由于是上市公司，SPAC在开展某笔投资活动的时候，其交易价格要高于私募股权公司的报价。而其投资者所能接受的投资收益，相比于私募股权公司要更低一些，这通常是因为，这类资金在募集的时候，会向投资者宣称，"本投资更加安全稳健或者没有中间商抽成"。在有机食品并购业务中，SPAC的经营主体包括两方，一方是法国食品零售连锁企业的前高管，另一方是希望在私募股权领域大展身手的大型对冲基金。他们的业务管理经验和金融从业经验，足够说服SPAC投资者相信，这笔交易是物有所值的。

SPAC支付的报价，足以让大基金公司收回其通过私募股权基金投资于有机食品公司的投资，但也仅此而已。这个项目耗时已经两年，在此期间，基金投资者支付的管理费和一次性投资交易成本就高达1 000万美元之多，把这些费用考虑在内，投资者实际上已经亏本了。

具有讽刺意味的是，SPAC接下来所采取的行动，正是有机食品公司在大基金公司管理期间，投资委员会部分成员所建议的那样。简单调查之后，通过分析前两位所有者经营失败的情况，SPAC的管理团队把有机食品公司业务按照地域拆分成多个部分，然后逐一卖给了食品零售行业的竞争对手。买家通过裁员降本、加大连锁店投资等，有效形成了战略协同。对这些资产的分割处理花了两年的时间，在这个过程中，尽管没有什么值得骄傲的宏大战略愿景，但面对40%的投资收益，已经足够让SPAC的投资者感到满意了。

大基金公司负责这笔交易的合伙人曾放弃拆分有机食品公司的做法，同时试图抓住一切机会，想要重新把这笔投资拉回他设想的轨道，因为对他而言，这笔投资像一个失败的污点一样。他原本希望按照承诺的那样，为他人带来成倍的投资回报，这也是对自己的承诺。他原本希望再创造一个像新鲜农场那样的优秀投资案例。他在这笔投资上投入了大量精力，但面对出现的问题，他的反应却是恐惧和愤怒交织，而不是主动应对。

在这次紧张刺激的交易过程中，他也没有记住，除了投资者，还涉及很多重要的利益相关者，包括公司员工、当地社区，以及各家供应商。他成功地让投资者安全撤离，自己也仍然是千万富翁，但公司的货架整理员、商品登记员却未被私募股权投资所打动。正如有员工所说，与其在私募股权公司的管控之下，一点一点被拆分、出售，还不如继续由原来的股东来掌管，这样自己还能躲在货架过道里忙里偷闲。

下一章，我们将着重分析这笔交易的合伙人在投资时缺少的一个特质：对事件做出积极回应，而不要被动反应。这个特质对于私募股权投资专家至关重要。投资管理必须保持专注，并适时进行灵活调整，有效掌控局面，积极应对复杂情况，除此之外，这一特质是推动私募股权投资取得成功的另外一项支柱。

第七章

先手为强　后手遭殃

“有时候，做自己并非取胜之道。”

趁着化妆师给自己擦拭额头的工夫，坐在镜头前的大基金公司创始人脑海里浮现出一位导师的名言，嘴角不禁露出了微笑。那位导师曾是位金融巨头，一手建立了规模庞大、获利丰厚的投资公司，但因内幕交易，被证券业终身禁业，并短暂入狱服刑，最终断送了自己的职业生涯。出狱之后，他把余生的精力投入慈善事业和政治领域，但这种身份转变并没有让人们改变对他的评价。也许，他并不属于那种完美的道德榜样，但他曾经给出的不凡建议，总是那么简洁明了，他的话总浮现在创始人的脑海里。

美国消费者新闻与商业频道（CNBC）的摄像机即将启动，准备在瑞士达沃斯首次采访大基金公司创始人。就像其他资产管理行业的亿万富翁一样，创始人每年都会参加世界经济论坛，但在此之前，他没有接受任何一次演讲邀请。保持自身的神秘光环十分明智，让银行家和政客尽情讨论吧，他只需要沉浸于论坛氛围当中，静静感受世界宏观经济的风向变化就行了。但是，这次与以往不同，向外界发出声音、展示形象，将更符合自己的利益。

大基金公司这一年过得可谓是磕磕绊绊，市面上有关公司几位合伙人的负面传言，远远盖过了这家知名私募股权公司在信贷、房地产、基础设施基金等领域连续多年来的优异投资表现。传言的盛行，再叠加部分投资问题的出现，所造成的影响十分恶劣，具体的传言包括美国证券交易委员会发现公司违反了监管规定，美国国税局对公司开展税务调查，以及员工的渎职行为。尽管经过正式调查之后，最终发现所谓的传言都是子虚乌有，但这些传言依然造成了不好的影响，既影响大基金公司自身的形象，也影响投资者的投资决策，其中部分投资者已经决定停止投入新的资金来购买基金产品。每个单独的问题都能够得到有效管控，但汇总起来，它们就有可能导致大基金公司的声誉危机。大基金公司创始人的一些竞争对手已经开始借此落井下石，他们在公开场合宣称自己不会像大基金公司那样错误百出。

新冠疫情之后，这种问题缠身、引发公众关注的情况，对大基金公司的发展极为不利，尤其是政府正在想方设法，在疫情期间采取一系列增加收入和改善就业的支持措施，来缓解财政压力，解决日益严峻的社会公平正义问题，其中也包括财富分化日益严重的情况。政府部分高官似乎已经关注到私募股权领域的情况，具体来说，他们正在认真审视，私募股权高管缴纳的所得税和资本利得税，所适用的具体税率是否有失公允。

为了扭转公众的这种印象，大基金公司采取了一系列公关措施，着重强调公司为养老基金以及其他投资者所创造的价值。但迄今为止，这一切努力尚未能有效平息各界的批评，也没能让新闻媒体对公司的报道立场有所缓和。泄露给媒体的相关信息，最终刊登在《纽约时报》和彭博网站的新闻板块上，其报道与大基金公司希望传达的核心信息严重不符，公司本来希望能够向社会公众传递自身既是优秀市民，也是优秀投资者的良好形象。

在这种情况下，身为大基金公司最大的股东和CEO，创始人出现在媒体镜头当中，试图主导媒体叙事的节奏，把公众的注意力拉回来，重新让大家关注公司未来的发展蓝图。创始人的声音通过电波传播开来，让市场更加关注大基金公司正在做的事情以及公司未来发展目标，而不是一味陷入自我辩解的恶性循环当中。他在内心深处极力为公司辩护，也为自己辩解，相比于华尔街其他许多金融机构，这些负面报道不过是大基金公司优秀历史业绩记录中的一段小插曲。创始人心想，比我们糟糕的机构不胜枚举，社会媒体应该关注我们数十年如一日的优秀表现，而不能把注意力放在眼前这些事情上。但同时他也清醒地知道，这些想法通过主流媒体和社交媒体发酵之后，将会造成多大的影响，尤其是考虑到在政治和社会两极分化的大背景下，相关影响将会被进一步放大。最好的解决办法，还是坦然承认已经发生的问题，妥善加以解决，并重新规划大基金公司的发展蓝图。

面对CNBC记者的问题，创始人以平和的语态一一做了回应，大基金公司仍将继续自己的光辉业绩。在回答问题的时候，创始人的应对表现，就好像是在向公众透露公司一项宏伟计划，希望公众能够因为看到大基金公司的未来奇迹，而感到幸运并充满期待。

他微笑着解释说：“我们整个行业正处于转型当中，像大基金公司这样的机构，已经不再是仅由少数人持有的小型作坊。如今我们已经是金融市场的重要组成部分，很长时间以来一直提供了超越市场基准的投资回报，服务于那些长期需要这些回报的投资者，比如说退休工人的养老基金等。我们并没有简单被动地追随市场动向。我们也不是富达投资集团或者先锋领航这类资管机构。我们所承担的每一分风险，都会为投资者带来更高额的投资回报，这些回报是他们在其他领域所无法获得的，回报的期限也完全配得上投资者对我们的信任。我们已经对公司的内部治理进行了相应调整，以摆脱这些事件对我们的影响。目前投资者委托我们管理的资产规模已经高达 5 000 亿美元，尽管如此，我依然坚持认为，公司未来发展的空间无限广阔。”

CNBC 记者和大基金公司创始人都知道，金融圈的每个重要板块都在关注这场直播，具体包括政策制定者、监管者和投资者等，这些人会认真聆听创始人所说的每一个字，仔细体会其中蕴含的深意。创始人通过正确的引导，让大众更加关注公司的发展规划，从而将他们的注意力从之前媒体那些捕风捉影的报道转移到他的想法上。最终，这些负面报道将如同昙花一现一样消失，尽管其带来的危害并不轻。在这个过程中，没有任何违法犯罪行为，所有判断失误都已在公司内部进行了处理。对大基金公司而言，即使少数员工有意或无意的不当行为，可能会给公司带来不少困难，但公司依然会继续忠实履行对投资者的受托义务，并按照既定的发展规划阔步前行。

在私底下，创始人其实十分焦虑，但他很好地把这种情绪藏在心底，因为他知道对公司而言，最好的应对之策就是不受各种流言蜚语的干扰，继续做好自己，稳步前行。他决不能发表评论说，自己对这些信息有多么厌恶和反感。这样的回应并不妥当。他需要做的，应当是重新塑造大基金公司的投资者和社会公众对这些事件的看法。这个过程尽管比较艰难，却是公司作为一家上市机构在“成长”路上所必须迈过的坎儿，市场竞争对手也是一样，它们都需要积极拥抱和培育更为优秀、更加负责的企业文化。随后，为了强化公众印象，充分利用这次接受采访的机会，他选择向公众透露“终极游戏”项目的部分内容：

> 如果不考虑新冠疫情的影响，我们眼前所面对的，是已经长达10年的经济上行周期。在利率水平很低的情况下，投资者对投资回报的要求却依然没有降低，因为只有这样，才能满足他们吃喝玩乐的消费需要。信贷市场泡沫依然十分常见，即使是发行高收益债券，如今的利率也只有5%，并且如果资产出现问题，也没有太多给投资者的保护措施。全球投资者都在寻求高收益资产。我们将继续坚持自己的投资原则，在进行资产配置的时候，首选那些很可能会确保本金安全，同时又能创造相关投资回报的资产。如果我们这样

做，那么通过扩展公司的业务平台和业务范围，在未来10年，大基金公司管理的资产规模将超过一万亿美元，这是公司当前资产管理规模的两倍，对此我充满信心。同时，相比于被动跟踪市场的资产管理机构，我们有能力创造超越市场基准的投资业绩。这就是公司未来的发展愿景，就像我今天所说的那样，通过持续为投资者创造投资回报，通过让市场理解我们的发展蓝图，我们一定能做到这一点。这也是我们公司的股票将很快被纳入标普500指数的原因所在。

最后一句话说完之后，一切都尘埃落定。公司创始人坦然承认，自己有能力改变资产管理行业的市场格局，以此作为对外界批评的回应。他亲自下场展开反击，却没有给人以气急败坏的感觉。他并没有为大基金公司近期缠身的问题进行辩护，他清楚地知道，资产管理规模翻一番，跃升至一万亿美元，同时被纳入标普500指数，这两项重磅消息足够让市场对大基金公司的关注中心，从公司过去的问题转移到未来的发展上面。他改变了整个市场关注的焦点。

标普500指数是全球最重要的股票市场指数之一。要想被纳入这类优质企业的行列，成为指数的构成部分，需要满足特定的条件，包括资产规模、公众持股份额等。作为衡量美国大盘股的最佳单一指标，像ETF这类规模数万亿美元的被动投资工具，也会跟踪标普500指数。如果大基金公司的股票被纳入标普500指数，那么众多大型被动型基金的管理人，就会自动买入大基金公司的股票。反过来，这种市场需求也会相应拉动公司股票价格上涨——市场需求越大，股票价格上涨幅度越大。截至此时，在私募股权行业，还没有任何一家公司的股票曾被纳入标普 500 指数。大基金公司将成为第一家，而这将给公司创始人那令人印象深刻的卓越管理业绩清单上，再添上浓墨重彩的一笔。同时，由于他身为大基金公司的主要股东，这也会大幅增加其个人净资产，大基金公司的所有员工也会获得股权和现金奖励。

养老基金和其他私募股权基金投资者可能会通过认购他们的基金产品，多次接触到大基金公司，如果他们投资于指数基金和 ETF 的话，也可能会通过大基金公司的股票与公司产生联系。也就是说，如果公司股票被纳入标普 500 指数，它将吸引更多投资者的关注。对大基金公司来说，可谓是既赢得了退休人员的口碑和信任，也获得了养老基金实实在在的资金增持。

在公司创始人的公关手段当中，令人印象最为深刻的，当数他本人并没有对危机事件本身做出回应。他应对的态度可谓积极而又稳重。他根据自己的情况，按照最符合自己利益的方式来采取行动。他的具体应对措施不同于商界和政界的众多公众角色，他表现得就好像是公司没有什么问题，因此无须进行回应一样。他不像那种身穿光滑的特氟龙面料衣物的企业高管，表现出事不关己高高挂起的样子。他的回应，就是简单明了地说明，大基金公司和他本人将汲取教训，未来变得更好。言辞谦虚但不卑不亢，他成功地让市场看到，大基金公司将摒除这些外界的干扰，持续发展壮大。

公司创始人向大家展示了，私募股权行业长期成功必须具备的特质——管理风格。

—— * ——

此时此刻，曼哈顿中城区，大基金公司一位 30 岁出头的中层管理人员正在接受面试，主持面试的是大基金公司主要竞争对手之一的创始人。这家竞争对手公司历史更加悠久，极为重视市场形象，也属于业界最为知名的资产管理机构。在与对手谈判时，这家公司并不像大基金公司那么苛刻，也不会把每笔投资最后一个铜板的利润都压榨出来。该公司提供的薪酬要比大基金公司大约低 20%，但是这名年轻的投资人员对此并不在意。他认为自己并不适合大基金公司那种更强势的管理风格，因此希望换个环境。如果需要，他也可以在谈判中表现得像其他人一样强势，但未来的职业生涯，他还是希望能面对一个不那么严苛的工作氛围。他有一些大学同学也在这家对手公司工作，他也希望加入其中。面试流程很长，这已经是最后一轮，主要包括能力测试、性格评估，以及早晨和周末秘密进行的视频会议面试。这家对手公司的创始人并不喜欢大基金公司，当然大基金公司也同样如此。双方的竞争领域十分广泛，涉及投资业务、资金募集，以及更为激烈的人才竞争。实际上，这场竞争不仅限于这两家公司之间，两位亿万富翁之间也是明争暗斗。

对手公司创始人约 70 岁，衣着讲究，穿着海军蓝两件套羊绒西装，搭配挺括的白色衬衫，系着深蓝色丝绸领带，佩戴配套的口袋巾，脚登抛光黑色乐福鞋。他的每件衣服都是定制的，都属于他的珍藏。实际上，他还拥有多家服装制造公司，不过投资这种小众家族企业只是他的个人爱好之一。他深邃的蓝色眼眸中满是岁月经验的沉淀，他向年轻人提问，如何描述大基金公司的企业文化。实际上，他更想知道关于这家公司创始人的一些事情。面试者回答了不到两句话之后，他直接打断了面试者的回答。他提出了他自己对于大基金公司的看法，以此评估这位面试者，他毫无保留地进行了一顿输出：

> 他们没有企业文化。他们根本就像是一群没有开化的野蛮人。我不会给他们送上什么假惺惺的祝福。所有人都知道，他们是优秀的投资人员。但我们也很不错，为了做到这一切，我们打造了伙伴文化，而不是恐惧和嫉妒的工作氛围。我们建立了一家拥有伟大企业文化的公司。我们不会为了强势而强势。我并不害怕与他们竞争，我们公司的所有人都是。迄今为止，我还没有招聘过他们的人手，因为刻薄的人并不适合我们这里。对此你怎么看？

对面试者来说，这可谓他职业生涯中的关键时刻。回复同意不妥当，回复不同意也不行，但无论如何他必须发表意见。他必须亮明态度，表明自己的坚定意志，而且要足够聪明，至少经过深入思考并有自己的观点，但又不能表现得像一个应声虫或者背叛者。一旦反应不当，其职业生涯必定会被葬送。在这一刻，他问自己：面对这种情况，大基金公司创始人将如何反应呢？他感到一股热血涌上大脑，然后以低调而又坚决的声调表明了自己希望为面前这位创始人工作的真正原因：希望能够效力于被视作职业天花板的杰出人物。

对手公司的创始人对这个回答十分满意。他亲自把年轻人送到电梯旁边，这明显是一个认可的信号，而且种种迹象都表明，这场面试十分成功。

创始人说："这个想法很不错。你也挺能干的。"

过了一会儿，他再次补充说："不管你原来在哪里工作，我觉得你不错，我愿意相信你。"

这位年轻的面试者穿过第五大道回到了公园大道，脑子里还在琢磨大基金公司与这家竞争对手的不同之处。他只有几分钟的时间去思考。此前他编造的牙科问诊时间已经超时了，现在他必须在被人发现之前迅速返回工作岗位。从外观看，两家公司显然不同。当然，它们的经营范围有所重叠，双方存在激烈的竞争交锋。大基金公司的办公环境十分现代化，有可站立办公的升降桌，会议室装修简洁，平时合伙人不打领带，看起来是轻松而又严肃的。而竞争对手看起来更像是欧洲的传统私人银行，丝绸领带、法式袖扣、方形口袋。这家公司的合伙人看起来就像是富有的外交官，办公室墙上挂着现代艺术品，头顶上是枝形吊灯。这家竞争对手自恃为私募股权行业的领头羊。在这里，大喊大叫十分罕见，欺凌他人则被明令禁止。投资委员会虽然很强势，但也都彬彬有礼。也许大基金公司的投资管理人员更优秀，因为他们创造的投资收益更高。大基金公司是一个充满激烈竞争的工作场所。这种竞争精神，已经深深镌刻在公司创始人的 DNA 当中。

在两家公司工作，都可以积累优秀的工作经验，并获得广阔的职业发展前景。面试者之所以想跳槽，是因为他觉得自己不适合大基金公司的工作氛围，而并不是因为他对这项工作有什么不满。他自问，为什么对手公司的合伙人对大基金公司不屑一顾，他回想起近期两家公司在围绕一笔不良资产开展竞争的时候，对手公司的表现可谓相当弱势。在一次杠杆并购失败后，对手公司损失了 5 亿美元，而大基金公司接手了破产公司后对业务进行重整，获得了不菲的收益。也许对手公司的这位创始人有一些嫉妒。尽管这位面试者知道，两家公司之间的竞争不止于此，但是，这一切都是富人之间的钩心斗角，并不是自己能够参与的领域，自己也无须为这些问题担心。

他脑子里真正思考的，是当对方公司创始人谈到大基金公司创始人的时候，他那张一成不变的扑克脸，突然变得扭曲起来。这位创始人总是忍不住把自己描述成一个高尚的政治家，并自诩为更好的城市公民。作为面试者，他之所以能获得这份工作，很可能是因为他能够取悦这位长者，而这一切在大基金公司创始人那里则完全行不通，他更看重诚实。

得到录用通知之后，这名年轻人辞去了在大基金公司的工作，并顺利通过了试用期的考验。得知自己手下最优秀的年轻投资经理被挖墙脚，即使大基金公司创始人再愤怒，也不会在脸上表露出来。他只会在心里默默记下这一切，之后再择机找回场子。

三个月之后，这名年轻人正式入职对手公司开始工作，并享受着更像是大学一样的工作氛围，他还获得了一位年长他几岁的女性导师宝贵的帮助。他们工作上密切合作，导师也引导他适应新的工作环境。几个月之后，当这位女性导师被解雇时，大家才知道，公司把他招来就是为了替代这名导师的位子，对此他并没有什么反应。这名导师被解雇后留下的位置，很快就由他填了上去，由此成为他职业生涯腾飞的起点。有人告诉他，女导师总是沉不住气，不适合这份工作，他对此不做表示。他主动积极的工作，以稳定可靠的形象示人，与女导师成鲜明的对照。尽管他觉得这种方式令人不齿，但这依然是获得成功的最佳方式。他不禁琢磨……也许，天下乌鸦一般黑，对手公司也没能例外。

—— * ——

上面所讲的两个例子都改编自真实案历。从中我们不难看出，在情绪非常激动且利害关系显而易见并十分重大的情况下，无论是作为领导者为公司进行辩护，还是希望在竞争对手公司获得一份理想的工作，在私募股权行业，绝大多数重大决策的制定，都摒弃了感情因素的影响。一笔私募股权投资的期限，并不像股票或者债券交易一样，能简单地以分钟或天数来衡量。正如一个人的职业生涯一样，它需要以数十年作为衡量维度，有些大型投资交易，从进入到退出需要几十年。这种时间范围与做出长远判断密切相关。对满怀抱负的私募股权从业者来说，这种技能也许是最难掌握的，一旦出错，所要付出的代价也将是最高的。

大基金公司创始人接受采访，回应公司面临的种种问题，这只是创始人宏大布局的开始。他精心组织回应，提前宣布一部分措施，其他内容则继续保密。第一步，让市场和媒体消化他的采访内容。第二步，发布战略规划，继续予以回应。对于每步措施，创始人都做了精心安排，逐步披露公司庞大而强势的战略发展蓝图，展示大基金公司隐藏在冰山之下的真正实力。大基金公司如今已经不仅仅是一只基金了，它以私人资本的方式管理着多项投资策略，人们已经把它作为另类资产管理机构。但迄今为止，它依然没有直接涉入普通大众的工作和生活，只有像养老基金、主权财富基金等机构投资者才能购买其发行的产品。这种情况将很快发生改变。

—— * ——

达沃斯峰会后不久，大基金公司创始人又参加了一系列位于加利福尼亚州和亚洲地区的精英峰会。许多亿万富翁和有影响力的知名人物，都乘坐湾流私人飞机来参加这些私人论坛，讨论当前经济社会面临的重大问题，阐述他们的公司将如何提供帮助，并从中抓住发展机会。在这些论坛上，大基金公司创始人继续发表了和此前类似的观点，并受到了各界的广泛关注。很明显，公司下年就很有可能达到创始人此前接受CNBC采访时所许诺的目标，即公司股票将被纳入标普500指数。在诸如生命科学和保险行业等垂直细分投资领域，大基金公司开展了一系列大规模交易，其中私募股权基金或信贷基金取得了大型公司的股权，并为并购提供了融资支持。显而易见的是，未来大基金公司的发展空间无限广阔。公司管理的资产每年以超过500亿美元的规模迅速攀升。可以清楚地看到，私募股权投资已经成为金融领域的“大科技”了。大基金公司已经是大而不倒的市场机构，是重要而无法阻拦的市场潮流。私募股权投资的触角已经无处不在。

创始人推动公司发展的下一步重大举措，是在没有提前预告，也没有举行盛大仪式的情况下向金融市场发布的。大基金公司并购了一家中等规模的共同基金和被动基金资产管理公司，后者是直接针对个人投资者、夫妻家庭型投资者和其他401（K）储蓄者的一家资管机构。这家机构向投资者提供的是传统的“买入并持有”型的指数基金和ETF，这类资管产品与私募股权的资产管理模式可谓大相径庭。纳入标普500指数之后，公司的股价大幅飙升，因此这笔并购以公司的股票作为支付对价。这笔交易看起来很精明。为了公司的长远发展，大基金公司自己收购了这家机构，而没有借助私募股权基金或者其他私人资本。

在这笔并购完成后的第一年，大基金公司对目标公司实施了一系列改造措施，这些措施在私募股权投资经理进行投资组合管理的时候十分常见。大基金公司提拔了部分高管，压缩了成本，并招聘了很多负责维护客户关系的员工。大基金公司同时也加大科技投入，更新运营系统，为公司管理层进一步改善业绩分析、改进业务运营创造条件。目标公司也重塑了品牌形象，以便与大基金公司的市场形象和公众认知保持一致。

业务整合工作进展顺利，但金融市场的期望好像不止于此。人们期待这一并购将会产生更为深远的战略影响，而不仅仅局限于当前创始人所透露的那样。这个新的业务单元主要针对的是个人投资者，而非养老基金，而服务于个人客户也就意味着将面临更少的信息保密、更强的监管约束。通常来说，大基金公司会极力把自己与这样的基金管理人区分开来。在季度财务报告说明会上，大基金公司几乎没有提及这个单元，这让市场研究分析师和竞争对手不得不玩起了猜谜游戏。到底发生了什么事情呢？

答案是，大基金公司正在不断学习和尝试。公司创始人的目标是，把大基金公司当期管理的私募股权投资产品和其他投资策略产品，直接开放，面向社会公众发售。他希望能够领先竞争对手，直达零售市场客户，鉴于当前退休人员可以通过多种方式把退休金委托给基金公司管理，创始人希望，在涵盖这一系列委托投资方式的具体操作清单当中，把401（K）投资者和其他个人投资者的直接投资也列入其中。他麾下的众多投资专家正在学习这个业务模块的运作模式，分析资金动向，迸发新的创意，研究把大基金公司那些风靡一时的私募股权基金、信贷基金、房地产投资基金和基础设施投资基金等产品，直接面向个人投资者进行发售。相比于传统的私募股权基金，这类新产品可能需要在更大范围进行多元化的风险分散操作，因为前者的资金来源主要是退休基金和其他机构投资者。它们所受到的监管也会更加严格，而这也就是为什么华尔街的律师团队正在幕后拼命工作，以起草相关的文件资料和法律文书。风险因素需要以粗体字突出显示，并加上边框作为着重强调。围绕这些新资管产品的具体条款，公司合伙人正在展开讨论，比如说其流动性如何，按照怎样的频率向投资者提供估值更新，收费模式和收费水平该如何确定等。显然，这里不能按照 2% 的管理费和 20% 的投资利润分成来收费了。但无论如何，具体的收费水平要显著高于贝莱德等优秀主流市场机构的水平。确定这些基金产品的费率要考虑品牌溢价的因素。

该计划将在未来 12 个月之内向金融市场正式公布。大基金公司常驻在华盛顿的政府事务小组和公司创始人，会定期向政策制定者进行游说，说明由于当前监管规定的限制，导致个人投资者错过了大把的投资机会。他们认为，普通工人不能仅仅依靠他们投资组合中持有的大型科技公司的股票，盲目期待这些股票的价格未来能够继续飙升。他们应当开展多元化投资，而且他们也应该被赋予投资机会，能够购买金融行业那些劳斯莱斯级别的优秀公司的股票。为什么不允许社会公众直接投资于私募股权公司发行的资管产品呢？私募股权行业的公司共同开展了游说活动，这个过程花了一定的时间，此后又经过一年时间的不懈努力，相关法律程序终于履行完毕，法律规定进行了调整，大基金公司发行的零售基金产品经过审批之后，终于上市销售了。负责管理这些零售基金产品的，是大基金公司此前并购的基金业务部门，公司对这块业务领域已经进行了调整和改良，这些前期准备工作，就是为这项业务所做的铺垫。

在大基金公司骄人的历史投资业绩和良好的品牌形象的共同吸引下，个人投资者的资金开始大规模涌入进来，在这个过程中，竞争对手只能望其项背。令人感到费解的是，面对这种市场形势，一些衣冠楚楚的竞争对手依然不肯放下身段，还在保持观望。面对个人投资者这片广阔的市场领域，大基金公司创始人又发动了另外一架增长引擎，驱动公司的资产管理规模再翻一番。面对这一巨大成就，公司创始人既没有因此志得意满，也没有自我贬低。当他在媒体上谈到公司克服了几年前面临的问题取得长足进步时，他的表述可谓实事求是、字斟句酌而又简明扼要。他对这一切常怀感激之情。

公司创始人没有掉到钱眼里，至少人们所看到的情况并不是这样。他并没有在投资银行或者对冲基金交易大厅里组织热闹的庆功派对，但事实并非如此。他仍然每天坚持工作 12 个小时，每周工作 6 天。面对博物馆和学校等领域的捐助和慈善事业，他总是慷慨解囊。他对成功有着永不满足的渴望，并为此奋斗不息，同时也能够保持平和和耐心。他的导师常常建议，从事私募股权工作的正确目标，应当是“长期保持对成功的热望”。公司创始人的品行，确保了从长期来看，他能够成功地把创意落到实处，从而有效创造投资价值。

下一章，我们将从在私募股权领域取得成功所需的关键特质，转向高居行业顶端的私募股权投资专家，看一下他们都有哪些主要的行为特点。我们将从他们对成功的渴望开始。

第八章

奋勇得利　沉默失金

作为私募股权领域的大师级人物，你没有失败的余地。

如果你说自己几乎成功实现了投资退出，或者差一点就让投资项目大获成功，那么你将分不到投资收益。如果项目投资未能成功，无法为投资者带来收益，那么你的工作也白费了。

如果你未能成功，养老基金就会以低于你所收取的管理费的成本，通过被动投资的方式，投资于股票市场和债券市场。投资者也同样可以找到直接投资渠道，投资于各类公司，就好像他们自己是私募股权公司一样，而不是基金的投资者了。如果是这样的话，你很可能就得卷铺盖回家了。这就是在私募股权公司工作所面临的残酷现实，也是整个行业能够源源不断地吸引和培养出渴望成功的专业且乐于承担风险的投资专家的原因之一。

私募股权投资专家知道，不成功，就失败。投资者要么可以像他们所预期的那样，从私募股权投资当中获得相应的投资回报，要么分文没有。对私募股权投资专家来说，在公司现金流充裕的情况下，他们把资金投入项目当中没有什么压力，但是，创造价值的压力却是源源不断。

成功的意思就是投资获利，其重要性总是居于首位。要想取得成功，就要考虑一系列因素，包括帮助被投资企业成长进步，以及积极助力社区发展，但说到底，能够赚钱才是最重要的。只有成功获利，才能不辜负多年的辛苦投资，即使这些投资一开始可能比较糟糕，或者经历了一段时间的煎熬；只有成功获利，才能证明历尽辛苦实施的业务重组是完全有必要的，才能给监管者和政策制定者一个明确的答案，他们希望私募股权行业降低收费水平并缴纳更高的税金。当投资能够穿越经济周期，持续获得成功时，有关私募股权投资对于退休人员无关紧要的说法也就站不住脚了。此时，私募股权行业的成功，就相当于养老金体系的胜利。

私募股权投资的成功之道早已不是什么秘密。要想成功，需要以合理的价格收购目标企业；与目标企业管理团队和独立非执行董事紧密合作；通过补强并购、推动内生增长等方式，对目标企业的经营活动进行改造升级；在利率水平和其他融资条款比较有利的时候，及时抓住机会进行融资和再融资活动；通过一步到位或分步实施的方式，围绕出售价格最大化的目标，创造性地实现投资退出。在这个过程中，只有将上述绝大多数要素成功组合起来，才能最终实现投资目标。

行业头部公司那些身居高位的亿万富翁，他们是私募股权投资领域的投资大师，是“成功者不找借口”的行业文化的缩影。

这种文化是这个行业能够安身立命的重要根基，甚至也是吸引新人纷纷投身其中的重要原因之一。这些人不仅为赢得胜利精心制订计划和策略，同时拥有强大的必胜信念。他们知道，面对重大失误绝对不能抽身逃避，投资业绩就代表着自身形象——一旦出错，将无所遁形。他们知道，自己的投资决策将影响社会公众，无论是假装成功还是掩盖失败，都是自己不能逾越的底线。他们知道，私募股权行业的每个从业者都需要勇于担责。他们欣赏私募股权行业公平的竞争环境，并赞成智慧和汗水会为一家具有良好投资业绩的老牌公司带来更大的成功。

他们一再向同事强调，当投资出现问题的时候，根本没法遮掩，即使遮掩也没有什么意义。保持公开透明至关重要。他们总是持续向前推进工作，从多个角度持续发力，尽最大的努力避免投资失败——除非他们能够确定，其他投标人会因为他们赢得交易而犯下错误，而这个错误最终将对他们造成反噬。考虑到投资者拿出了“2 + 20”，以及他们个人所承担的风险，投资者也希望他们能够成功。面对一笔投资项目，他们会第一个主动向投资委员会指出问题，并且会直面挑战采取必要的行动来解决问题。大型私募股权公司的领导者可不仅仅是有名无实的摆设。当政府官员和央行高官希望了解经济走势，分析系统性风险的时候，他们会经常打电话向这些专业人士进行请教，而这些人也会将真实的经济状况进行如实传达。

这种企业文化在私募股权公司当中自上而下传播开来。当新入职的员工第一次看见，身家亿万的公司创始人亲身参与某笔交易也会因此感到苦恼，而不是高高在上描绘交易的宏伟蓝图时，他们就会知道，公司对工作的要求很高，但这种高度是可以实现的。初级员工和中层员工会从各个角度对一笔投资展开分析，对提交投资委员会的每版报告进行认真研究。投资合伙人也会亲自参与财务模型的设计分析，他们这样的身体力行，会让整个交易团队感受到领导者的榜样力量。交易团队需要考虑的最重要问题：如何才能为投资者做正确的事情？如何才能为投资者和公司赚来利润？围绕这些问题，大家都会聚焦于投资业绩表现、每周的具体决策、三班倒的高强度工作，通过这一切努力，来确保每项投资决策都能够做到最好。

这种企业文化以及这种工作态度，体现在私募股权行业的方方面面，既包括刚从湾流私人飞机走下来的公司高管，也包括最基层的员工。这是根植于整个行业基因里面的竞争渴望。投资团队的成员会彼此质询，他们指导目标公司管理层所做出的决定是否“明智”，也就是说，是否能够像之前提供给投资委员会备忘录上所说的那样，能够增加盈利可能性或者实现更好的效果？年轻的投资助理很快就会知道，仅仅拥有专业技术能力是不够的，这只能帮他们在这个行业入门，只有通过专业审慎的判断，才能评估一笔投资到底能否赚钱，如何才能赚钱——或者说可能亏钱。在私募股权投资过程中，他们被赋予了这种自主决策的权力，与管理团队共同决定一笔投资的最终命运，为此他们将竭尽所能，朝着成功的方向尽最大努力。

在这样的投资流程设计下，谈判协调是一切工作的核心。要反复、持续、不懈地与各方加强协调。交易团队会针对商业计划设计或具体实施过程中的每个重要环节，反复问自己："这项安排足够好了吗？是不是还有改进的空间？"无论是讨价还价，还是四处奔波，交易团队持续改进的脚步永不停歇。这种情况的背后是每个投资专家不屈不挠对方案设计进行优化改进的渴望，无论是推进一笔艰难的融资安排，还是打败竞争对手，以合适的价格买入合适的投资标的，都有这种坚强意志的支撑。只要没有离场，没有彻底退出，交易团队就会随时做好沟通的准备，他们总是朝着达成一笔伟大交易的目标前行。行业高层传达给下层执行者的意图是这样的，只有知道如何讨价还价，才更有可能争取到聪明的要价。

——— * ———

"也许对你来说，2 000 万美元并不算是很多钱，但是对我们的投资者来说，这可不是个小数目。我们应该竭尽全力，争取更好的结果。"

围绕一笔总额 20 亿美元，大基金公司自身投入 10 亿美元的交易，创始人温和地提醒一位年轻合伙人，这番话引来了笑声和掌声。新晋升的合伙人也羞涩地笑起来，他心里知道，创始人说得对。这笔投资规模不小，因此相应的投资担子也很重，每分钱都很重要，这也就是为什么面对华尔街银行的时候，他需要说服他们接受更低的融资成本。夜以继日地工作之后，他已经精疲力竭，但最终提出的建议却显得鲁莽而天真，他建议大基金公司接受银行提议的收费水平，因为这个数字的影响非常小，几乎可以忽略不计。

这个投资项目十分复杂。他们的投资目标是佩可尔公司（PetCare），这是一家大型零售连锁公司，专注于宠物食品和宠物美容，业务范围遍布美国和全球6个地区。该公司最早成立于加利福尼亚州，短短4年时间就发展成如今的大型企业，成为纳斯达克证券交易所的宠儿之一。这家公司在同类企业中规模遥遥领先，率先引入了宠物远程医疗服务，宠物食品的理念也得到了名厨的推崇。但出乎意料的是，该公司突然就陷入了困境。

面对一系列宠物食品的健康问题和宠物服装的质量问题，作为公司创始人的CEO却自矜身份，给出的回应十分令人失望。董事会罢免了这位高管，新上台的CEO表现更差劲，不仅未能解决这些问题，反而出于好大喜功，在宠物保险行业实施了新的业务并购，导致公司战略发展混乱，此后又掉进了疏于管理的大坑。该公司目前已经陷入混乱，在一片红海中竞争对手迅速降价占领市场，让这家公司的领头羊地位不再。

大基金公司在华尔街银行组织的拍卖会上，以绝对的拍卖优势从位于帕洛阿托的一家风险投资机构手中买下了佩可尔公司，这家风险投资机构是大基金公司的竞争对手，曾为佩可尔公司提供创业融资。这笔交易之后，随着佩可尔公司的国内发展计划和海外发展战略逐步展开，这家竞争对手进一步增加了财务杠杆，之后准备申请IPO，因为他们知道，泡沫十足的资本市场能容忍一家快速成长公司所背负的高额并购债务。但现在，随着佩可尔公司的价值趋于贬损，这家竞争对手正在想方设法变现退出，如果不能全部变现的话，至少也要把它高达数十亿美元的剩余风险敞口压低一部分。

佩可尔公司提供增信担保的并购债券和贷款资产的价格一路暴跌，交易价格仅为资产原值的30%，并且还要按照原值偿还。由于现金流压力与日俱增，公司面临再融资的需求，而借款人不愿意提升授信额度，导致维持运营的资金出现缺口。这种情形，就好像是佩可尔公司从市场上最有价值的机构，瞬间变成了人见人厌的市场弃儿。在6个月之内，该公司很可能面临信贷紧缩的情况，以致走向破产。

回到大基金公司这边。在竞拍佩可尔公司的过程中输给竞争对手，这对牵头负责这个项目的年轻合伙人可谓一记重击。自从被提拔为合伙人之后，这是他首次尝到失败的滋味。事后来看，此时竞拍出局反而是件好事。如今，他有机会以比此前更低的估价，轻松拿下这家公司的控制权。有时候，一名精明的操盘手，或者至少事后看起来很精明的操盘手，无须支付最高的报价就能取得成功。如今，这位年轻的合伙人就面临这样的机会，只需要支付目标公司基础价值的一部分，就能把它收入囊中。

他向如今掌控佩可尔公司的竞争对手建议，由大基金公司介入进来，充当债权人，将佩可尔公司现有债务整合到大基金公司管理的私募股权基金产品中，同时保持这笔债务的私有性，不在公开市场交易，从而避免引发市场关注。大基金公司不会直接收购这家目标公司，它将收购其现有的未决债务，成为其新的债权人。这笔新的债务规模将足够可观，完全能够为佩可尔公司提供充裕的流动性支持，满足其营运资本或应急支出的需要。通过这种方式解决了公司的流动性问题之后，私募股权公司就可以继续推动佩可尔公司的成长计划，为将来实现更加丰厚的获利退出奠定坚实基础。

这名年轻的合伙人把他设想的方案直接摆在了目标公司董事会的案头上，认为这是一种双赢解决方式：佩可尔公司得到了暂时喘息、未来翻身的机会，大基金公司投资了其钟意的目标企业。

合伙人开场第一句话是："我们是来提供帮助的。"

事实上，这名年轻合伙人提出这样的投资方案，其中潜藏着一举拿下目标公司控制权的意图，而大基金公司的竞争对手对此也心知肚明。年轻的合伙人迫不及待地想从竞争对手那里拿下这项优质资产，他所提议的高达 10 亿美元的贷款置换，绝非祈求和平的橄榄枝。他一直在耐心蛰伏，静静等待出手的时机。他仔细观察着这家他一度在拍卖过程中失手的企业，审慎研判其未来可能面临的局面，从而让大基金公司这样的复杂领域投资高手抓住可乘之机。这将会是一笔利润丰厚的大额投资。

佩可尔公司并没有太多选择的余地，只能接受这位年轻合伙人的提议。竞争对手作为佩可尔公司目前的所有者，前期已经投入了太多资金，无法再次加大投资；其资产配置过于集中，也无法再向佩可尔公司倾注更多的资金。而大基金公司的提议可以迅速执行到位，一次性就能解决公司面临的种种问题。具有讽刺意味的是，市场可能会将佩可尔公司的债务重组和新的流动性资金注入，视为一个受人尊敬的竞争对手投的信任票，从而阻挡了佩可尔股价的下跌。对局外人来说，就好像是这两家竞争对手正在围绕同一个目标而共同努力一样。

当然，事实并非如此。大基金公司作为债权人，早已经安排好了后手。如今，佩可尔公司面对的是一个庞大而强势的债权人，而这个债权人恰巧是公司所有者的竞争对手。信息壁垒依然存在，但事实已经很清楚，如果该公司的业绩未来进一步下滑，就会将自己置于竞争对手的掌控下。竞争对手的投资专家希望逆转获胜，他们会充分利用当前的形势，最大化投资收益，而不会仅仅满足于平庸的投资结果。在佩可尔公司新签署的债务合同中，相关条款明确体现出这一点，这些条款有几个关键的点：一是利率更高，二是规定更严格，三是希望通过申请破产来逃避债务以便大基金公司可能遭受的损失更少。

实际上，如果佩可尔公司的经营状况未能有效好转，大基金公司可以终止新的债务资金供给，并要求公司立即予以偿还。随后可能会涉及诉讼等情况，但大基金公司仍将处于有利地位。这位年轻的合伙人已经向投资委员会说明，如果出现上述情况，对大基金公司反而可能更有利，可以由此取得佩可尔公司的控制权，但在债务重组期间，这些信息不太可能向外界公布。从表面来看，大基金公司与其他贷款人并没有什么两样，只不过它并不是一家华尔街银行，也不是信贷基金。它是一家私募股权公司，无论从管理经验还是从主观意愿上，都希望能够把佩可尔公司收入囊中，对其实施控制和管理，并为投资者创造价值。如果是从银行贷款的话，目标公司通常不会期望这些为其提供资金支持的家伙，会乐意接管自身业务。这些债权人只会关注贷款偿还情况，接管资产或业务以抵债只能作为最后的手段。

这种现实情况进一步凸显出大基金公司作为债权人（为目标公司提供发展贷款，为竞争对手提供并购资金）和债务人（为自己的私募股权投资举借债务）时，融资条款的不对等性。

在为自身主导的并购活动提供募集资金时，大基金公司会通过艰难但透明的沟通，为资金提供者设置最弱势的债权人保护方案，具体包括债务约定和其他限制性条款等。举例来说，有些限制性条款可能会要求，未经现有债权人许可，不允许私募股权公司增加更多债务。或者他们可能要求，禁止把有价值的资产从私募股权公司的一篮子增信担保措施中剥离出去，以防止贷款出现问题，也就是说，债权人不能接管这些资产。又或者，当私募股权基金分红的时候，债权人会针对性地设计一些限制性条款。更有可能的情况是，需要按照债权人的意愿，把上述增信保护措施组合起来。这是一场零和游戏。对债权人的保护措施越弱，代表私募股权投资者利益的大基金公司的地位就越强。大基金公司通过这种方式进行谈判，完全符合投资者的利益，因为如果投资过程中某个环节出现问题，只有在与债权人的沟通中保持最有利的地位，才能更有效维护投资者的权益。

大多数资金提供者都不太愿意接受这种权利不对等的情况，

因为在央行为了拉动经济而持续保持低利率的宏观环境下，它们都渴望获取投资收益。当大基金公司为了私募股权投资而募集资金的时候，资金提供者会彼此展开竞争，争相购买这些债务类资产。这种竞赛最终的结果，经常是看哪家率先触及条款底线——在这场拍卖中，愿意承担最大风险，报价最高的人将最终胜出。

相反，在为竞争对手的投资活动提供融资时，大基金公司就会极力要求采取最强有力的保护性措施和合同条款，比如说在某些情况下，以某种方式获得目标公司的一部分股权。毕竟，大基金公司并不是一个被动型市场投资机构。在争取这些保护条款的谈判过程中，每一个细节、每一个步骤都至关重要，这也就是为什么需要那些渴望成功的投资专家来参与这个过程。这样做完全符合大基金公司投资者的利益，他们把资金投入公司发行的基金产品，并由此持有相关的债务资产。现在，局面发生了变化，因为投资者站到了交易桌的另一端。

大基金公司有能力去设定不同的投资目标，在作为贷方和借方时，针对债权人保护和其他条款，可以设定不同的标准，包括资产定价和股权注入。当大基金公司借贷时，如果债权人试图让大基金公司提前还贷，或者执行保护性条款的时候，它可能需要与大基金公司展开艰难的谈判。相反，作为债权人，如果大基金公司根据债务合同的约定向其提供借款，而该债务人违反了债权人保护条款，导致借款出现风险，此时的谈判则会大不相同。没有人会希望自己公司的命运掌握在为自己提供资金的私募股权公司手中。大基金公司之所以令人羡慕，是因为其积累了丰富的经验，无论是作为债务人还是债权人，它都拥有规模巨大的资金量。负责管理大基金公司的那些人，掌控着这一切。

面对该笔交易，这名年轻的合伙人十分兴奋，因为在这种情况下，普通贷款解决不了问题，债权人无法通过艰难的拉锯谈判为自己争取利益。由于信贷市场泡沫严重，一般性贷款只能接受不利的条款，利率较低，对债权人的增信保护也比较薄弱。面对这种交易，这位年轻的合伙人宁愿选择拒绝。相反，正是由于这个交易不是一般性的，他才乐于积极参与其中。面对复杂的局面，他能够向佩可尔公司提供大额借款支持。这笔专项借款的条件对大基金公司更为有利，而作为债权人，有没有机会完全掌控目标公司，他其实并不十分在意。实际上，你也可以说，如果情况允许，他也有这样做的动机。

普通贷款人无意为佩可尔公司继续提供资金支持，事实上，他们私底下对于能够套现退出而感到如释重负。因此，通过这笔交易，大基金公司拥有更大的要价空间，一部分要求可以私下谈论，一部分要求也可以直接提出，而且公司的要求多次得到满足。通过持续提出附加条款，进一步维护了大基金公司及其投资者的利益。毕竟，如果没有大基金公司的信贷支持，佩可尔公司可能早就破产了，并进一步影响相关就业岗位和社区稳定。正是在这笔投资的支持之下，才让公司拥有了再次成长的机会。

这位年轻的合伙人设计出风险与回报不相称的投资思路，让同行无比佩服。按照这种思路，当佩可尔公司的业绩表现下滑时，其对大基金公司的负面影响能够控制在可接受的范围之内，而一旦公司的业务出现回升，大基金公司也将从中获益。如果佩可尔公司业绩走强，那么除了获得高额利息和债务偿还，大基金公司还能获得一部分股权，即使它没有支付任何股权对价。按照这种操作，佩可尔公司的成功，就是大基金公司的成功，而且也将成为大基金公司历史投资业绩记录中的一个亮点。为了实现这个目标，这名年轻的合伙人夜以继日，围绕融资协议的每个细节进行深入沟通，在与竞争对手的每一次对话中，他都会极力争取更好的结果。必要时，他甚至以债务协议的相关文件为武器，有效维护大基金公司投资者的权益。

大基金公司创始人指示，针对想套现出局的债务人，可以支付更低的价格。这为年轻的合伙人提供了更好的机会，让他可以在针对几项尚未敲定的条款进行谈判的时候，给对方极限施压。在谈判的最后关头，这名年轻的合伙人决定进一步把融资费用提高 200 万美元，理由是大基金公司在这笔交易中提供了服务，要把这部分资金通过一次性交易费的形式支付给大基金公司。他们开玩笑说："这是为了体现这些优秀专家的价值。"

—— * ——

大基金公司的竞争对手正在迅速扩张，其业务大获成功，已经成为校园招聘和投资银行业的首选雇主，让一度陷入困境的大基金公司相形见绌。当佩可尔公司被拍卖时，创始人得知年轻合伙人输给了出价更高的竞标者，他评论说：“不要担心。并购领域的竞争其实并不怎么激烈。”

大基金公司创始人相信，尽管大基金公司的社会联系广泛，市场形象良好，但佩可尔公司依然会选择其竞争对手的报价，因为这个报价太疯狂了——高到令人无法拒绝。同样，当投资委员会讨论这位年轻合伙人的谈判进度，以及未来监督并帮助佩可尔公司成长都要依靠大基金公司来组织推动，而不是其当前的私募股权投资者时，公司创始人评价说：“好消息是，承担所有工作的正是我们自己。”

从当前所有者肩上接下大部分工作量，主动承担工作任务，由此带来的这种满足感，以及随之而来的种种好处，让公司创始人想起一件有趣的事情，在这种情况下他认为很适合与这位年轻的合伙人及其交易团队共享。

那是 7 年前的事了，当时公司创始人正在主导收购一家上市的赌场运营商。目标公司可谓无欲无求，沉醉在前期的荣誉簿上，而如果能够削减成本、聚焦更少的业务条线并进行小规模的嵌入式收购（tuck-in acquisition），这家运营商具备很大的成长潜力。相关尽职调查工作进展顺利，直到一家华尔街银行把项目信息泄露给了媒体，导致一切都陷入混乱。

经过一场排他性的双边讨论之后，正式拍卖按下了启动键。每家市场头部私募股权公司都急切希望评估这家公司的价值，以确定自己是否加入竞购，搞清楚大基金公司到底看重目标公司的哪些资产。来自竞争对手公司的交易团队就如同是赌盘上的球一样，频繁出入赌场运营商坐落在内达华州的总部。这家运营商的董事长感觉自己就像是一名赌场管理员，正在以自己管理的团队和下属员工的职业生涯为赌注，当然他自己的职业生涯也被放到了这场豪赌中。

当时有一个新的竞标者出价与大基金公司的报价相当，致使目标公司的股份很可能会在这两家竞争对手之间进行分配。同事都对此表示担忧，创始人给大家吃下了定心丸，说："这一切都只是外部噪声罢了。"对创始人来说，大基金公司可能要被迫与竞争对手在这笔业务中联手合作，说服公众股东，让他们接受目标公司不会再有更好的报价，避免一场竞购战，这些不重要；竞争对手不喜欢自己，投资运营时双方的关系可能会很糟糕，这些也不重要。公司创始人已经意识到，大基金公司很可能将继续推动并主导绝大部分投资工作，促进目标公司发展，并推动这笔投资获得成功，这些才是最重要的工作内容。其他一切都属于干扰因素，无关于投资成功这个最主要的目标。如果这两家私募股权公司是天然的合作伙伴，很容易配合，那一切当然更好，但事实并非如此。不过，大基金公司并不在乎自己是否需要带着共同投资人一起，把这笔投资推动下去，它会自己实现目标。

今天的这笔交易也是同样的基调。大基金公司创始人对公司的组织文化充满信心，他坚信，如果说世界上有人能够从这笔投资当中获利，那他的同事一定也可以。这是因为他的同事工作更加刻苦，脑子更加灵活；同时也因为他们会努力把投资的每个重要环节都做到最好。只有当继续努力没有什么价值的时候，只有当选择和解比选择继续谈判更加有利的时候，他们才会停下脚步。

这名年轻合伙人的高明之处在于，即使参与公开拍卖失败了，他还一直在关注项目进展。他整合了大基金公司的种种资源，明确了完备的信贷投资安排，甚至还有机会以具有吸引力的条款对目标公司实施控制。

通过债务整合，大基金公司投资者投入目标公司的资金，从优先级和安全性上来说，都要优于大基金公司竞争对手的权益投资。违约触发点的条款设计，建立在公司提供融资支持的基础之上；一旦佩可尔公司出现问题，他们更有可能得到优先偿还。与一般的银行机构不同，大基金公司拥有私募股权投资特许经营权，一旦条件允许，它将很乐意对这家目标公司实施控制。

投资时这名年轻的合伙人会自我加压，永不停歇地努力工作并保持领先，认真分析是否有机会进一步扩大现有债务规模——比如说，如果目标公司经营良好，则可以为其增长提供更多资金——并做好下一步工作安排。当然，他周围并不全都是像鲨鱼那样的竞争对手，但他清楚地知道，如果他不积极追求成功，那么其他人就会接手——不管是加入团队为他提供帮助的同事，还是私募股权竞争同行的交易对手。这就是他能持续让自己保持前进动力的原因所在。

他并不会在公开场合吹嘘向竞争对手出现问题的投资项目提

供借款这件事。他工作的成就、所得的回报，最终将来自佩可尔公司的经营业绩，而不是自吹自擂的外在言辞。

对大基金公司而言，为了达到目前的这种成绩，公司已经投入了几千个小时的艰苦工作，尽管如此，面对养老金系统和其他投资者投入的资金，要为其创造可观的收益，要收取 2% 的管理费和 20% 的投资利润分成，大基金公司才刚刚起步。如果佩可尔公司的经营进一步恶化，那就需要对其实施业务重组、公司重构或者整体剥离。如果经营有所改善，那么这家公司就需要与大基金公司按照此前的约定开展股权重组谈判，繁重的工作将就此启动。

——— * ———

我们必须充分认识到，上面我们所介绍的这名年轻的合伙人，在私募股权行业当中，类似的投资专家并非少数。他是专业训练、系统培养和行业教育所共同孕育的产物。他的自驱力可谓与生俱来，因为如果没有这种能力，他就根本无法在这个行业生存下去。私募股权行业生态体系无疑塑造了他，激励了他，并推动了他。每家头部公司都有一些阿尔法类型的员工，有些公司可能多一些。每名投资专家身上都有一点阿尔法特质，这跟自负没有关系，这是由个性、经济因素考虑而萌发的对成功不懈的追求。最终，无论佩可尔公司是走出困境，还是被卖给沃尔玛、亚马逊或者其他机构，这名年轻的合伙人都将继续努力，帮助退休人员能够按时拿到退休金。

这一章，我们重点分析了私募股权行业的求胜心态，以及在这种心态驱动下，如何为投资者带来满意的投资回报。下一章，我们将详细分析，不畏竞争的精神状态将如何助力投资管理的具体行为。私募股权从业者的方方面面，都展现了这种特质和能力，其中之一，就是通过对前景黯淡的目标公司进行重新整合，将其改造成优秀企业，从而造就一笔成功的项目投资。

第九章

百尺竿头　更进一步

“白糖、黄油和食盐。我们货架上所展示的，就是这三种神奇的物品。”

查理饼干公司（Charlie’s Cookies）的创始人兼CEO丝毫没有觉得自己的人生存在遗憾。他一手创立的这家公司已经成为美国的一个标志，家喻户晓，40多年来，公司让辛劳工作的千家万户品尝到了甜美的烘焙食品。在全美100家特许经营店和全球各地的300多家门店当中，公司员工为顾客提供新鲜烘焙的巧克力片、核桃和燕麦葡萄干甜品。过去，这位CEO曾经满怀自豪地多次拒绝了可以让他成为亿万富翁的并购邀请，无论这些邀请是来自私募股权公司还是竞争对手的连锁店。几十年来，CEO所依靠的，是他与生俱来的对客户需求的直观感受，他也很乐于围绕这些需求提供服务。1982年，当他创立这家公司的时候，一块600卡路里的饼干只卖50美分，而现在卖2.99美元——即使这个价格其实也不算贵。全球烘焙市场都对他创设的这个品牌垂涎已久。

但时代正在发生变化。这位饼干供应商如今已经 75 岁，再也没有精力在早上 5 点起床，随机抽取名单并给十几家面包店打电话，检查第一批饼干的质量状况。他已经没有精力去审查每位新入职的员工，也没有精力去逐个询问比利时巧克力、澳大利亚夏威夷果或墨西哥香草的供应商的情况。他无法理解网上销售、送货上门的概念，也不去考虑任何有关融资业务、并购投资这种轰动一时的交易活动。华尔街的银行家每一个季度都会从自己所在的摩天大楼赶到这位 CEO 位于纽约州北部的豪宅，和他当面沟通情况。他已经感到十分疲惫。最令他感到痛苦的是，对于接手这家企业，无论是他的 4 个儿女，还是 11 个孙子，没有任何人曾经表现出哪怕一丝一毫的兴趣。

查理饼干公司前途未卜，发展前景一片迷茫。时间来到了 2016 年，清洁饮食、绿色食品的概念席卷而来，迅速成为市场主流。公司的客户群就像一块正在融化的冰块，库房里面的存货似乎每个月都在增长。尽管对公司忠心耿耿的客户仍然不在少数，但公司的现金流状况和利润增长已陷入停滞。近期为了门店翻新和海外扩张而发行的高收益债券，其吸引力对于信贷投资者，就如同是公司烤箱里出炉的垃圾食品对健康意识已经觉醒的消费者的吸引力一样。公司需要压缩成本，但是 CEO 不愿意裁员，因为公司之前取得的成功，正是基于他们的支持。他急需营运资本，急需资金支持以换来宝贵的喘息时间，来重新梳理公司的业务，挽救他一生的宝贵成果。正是基于这些原因，他来到大基金公司寻求帮助。现在，他正坐在公司会议室里，窗外公园大道的壮美景观尽收眼底。这位已经75岁高龄的CEO，正在试图说服私募股权投资小组的合伙人及其信贷小组的同事，他们将很幸运有机会分享该公司未来的发展成果，并共享这家优秀公司的历史荣光。大基金公司两位经营丰富的投资交易员，正从多个角度评估对查理饼干公司的潜在投资。最终，他们可能会汇集各自的想法，共同协作配合，或者是采取另外的解决思路——分道扬镳。无论如何CEO必须推销自己的故事，而大基金公司也必须愿意相信这个故事。

但是，CEO还不知道，一场地盘争夺战已经迫在眉睫了。私募股权投资小组的交易合伙人虽然尊重信贷小组的合伙人，但对对方出席会议感到不太舒服。他觉得，这个项目应该由自己管理的基金单独进行投资。信贷小组的合伙人也是同样的想法。每个人都认为，把资金投入查理饼干公司，解决其现有问题，改善业绩状况，这才是正道。他们双方都不愿意由对方主导这笔投资。

每个合伙人都持有大基金公司价值数千万美元的股票，不论是使用私募股权基金，还是动用信贷资金投资于查理饼干公司，这些合伙人都将因为这笔投资的业绩而最终获益。双方都不希望对方被视为更适合这笔投资的主导者。他们既是竞争对手，也是合作同事。他们都希望对方能够取得成功，但更希望自己首先能够获胜。在金融行业，这种竞争态势体现在方方面面，但在私募股权行业，考虑到投资分红的规模，以及资深投资专家所要求的投资控制权，这种竞争态势显得更加激烈。

最后，大基金公司创始人来到会议室，在座的人马上起身表示欢迎，体现出大家对创始人的尊重，也许还有一丝敬畏，创始人立即示意大家重新就座。让查理饼干公司的 CEO 与两个交易团队见面，这是创始人的主意。他认为，公司内部一定程度的竞争是有益的，通过这种方式，有助于让大基金公司在面对投资难题的时候找到正确的解决答案。他同时认为，这种做法无可厚非，因为它有利于高效运用投资者投入的资金。创始人也意识到了两位手下彼此感到不适，但他并没有放在心上。这两位勇敢的斗士将共同配合，为查理饼干公司的 CEO 做好服务，但同时他们也会互相竞赛，说服 CEO，只有自己团队的投资理念才能推动公司走向成功——同时又不能让 CEO 觉得大基金公司拥有不同的资金储备，有时候为了开展一笔特定的投资交易，还要彼此之间展开竞争。他们必须展现出高度的团结，与此同时，还要认真细致地展示自己的独特优势。这种团队之间的平衡操作久经考验，对没有接受过相应训练的人来说，二者的差别可能很难分辨出来。CEO 看到的，是创意迭出的大基金公司正在围绕如何才能帮助自己所在的公司，设计层出不穷的投资方案，两位乐于助人的合伙人正在与自己进行稳健公开的沟通，仿佛他已经成为这家大基金公司投资组合的一部分。一切看起来都很不错，沟通过程积极坦诚，相关建议很有建设性。

创始人眼前最关心的，是确保目标公司远离大基金公司的竞争对手。CEO 正向大基金公司推销查理饼干公司的故事，但公司创始人也必须说服这位 CEO，让其充分认识到，大基金公司才是他最好的选择，而且要远远超过其他私募股权同行。因此创始人示意客人坐在他旁边，在会议桌的上首，两人进行了一场私密对话，在会议室昂贵的空调设备所发出的嗡嗡声当中，外人几乎听不到他们之间的对话内容。创始人告诉CEO，他同情其面临的处境，也表示对于其他大型私募股权公司和华尔街银行，无论其最终选择信任哪家，都将给予尊重。创始人鼓励CEO，既要看到公司一路走来的不易，同时也要思考未来的发展前景，更重要的是，如果不充分借助公司创始人的友谊援助和社会关系的话，查理饼干公司——最终将面临怎样的结局。两个人都知道，公司已经陷入困境，CEO必须放下面子，首先确保公司能存活下来，即使可能失去一部分独立性，也要充分信任合作伙伴，并依靠后者最终走出困境。他需要投资者的帮助，需要他们既能为查理饼干公司着想，也能为喜爱含有反式脂肪的消费者着想。总之，投资者要能让查理饼干公司重新盈利。

仿佛是为了让CEO更信任自己，创始人讲述了一个竞购战故事，这是其脑海中数百个故事中的一个。他简短地讲述了这个故事，但在其中穿插了许多品牌名称，就好像是向这位CEO暗示，给他泄露了一个秘密一样。这个故事讲的是一家名为弗吉尼亚纸业（Virginia Papers）的公司，这家公司利润不菲，隶属于一家规模庞大但十分低调的工业集团。弗吉尼亚纸业是卷烟和雪茄烟专用纸市场的前五大制造商之一。大多数人并不知道，大基金公司管理的私募股权基金持有这家纸业公司的部分股权。创始人对此娓娓道来，这笔投资始于20年之前，如今对烟草行业的严格监管态势，从那个时候就已经开始了。在发达国家市场，烟草广告被明令禁止或受到严格限制，而在发展中国家市场，人们对健康问题的关注，也影响到烟草市场的销售情况。弗吉尼亚纸业的母公司，当时正试图并购一家小型竞争对手，该项并购不仅昂贵而且操作十分复杂，市场活跃的对冲基金和挑剔的流通股股东都强烈反对这项并购。当时，大基金公司创始人也在拓展自己的业务，他与那家母公司的董事长关系密切，因此提出在保密的前提下为其提供帮助。

大基金公司通过信贷基金为这次并购提供了融资支持，并且考虑到这可能会使烟草行业受到不应有的关注，大基金公司在具体操作过程中，也力图避开社会公众的目光。作为回报，弗吉尼亚纸业的母公司拿出了这家卷烟纸制造商的一小部分股权，将其卖给了大基金公司旗下一只私募股权基金。当时正值经济低谷期，大基金公司注入的这笔资金，为集团公司及时提供了现金流支撑。这笔投资是按照债务工具的形式设计的，但在最上面也加入了一定的投票表决权，因此是一种股债结合的形式。这笔交易规模相对而言并不算大，因此对大基金公司或者其名下管理的基金来说，并不值得大书特书。大基金公司创始人信守诺言，既没有因为这家集团曾经遇到的暂时困难而感到幸灾乐祸，也没有向外界透露这笔交易的任何信息——这个秘密一直保守到现在。然而，创始人知道，这笔投资的故事，对于大基金公司在一个同样对健康敏感的行业拿下一笔全新的交易，具有重要参考价值。这是一个依赖于兜售白糖、黄油和食盐的行业——坦白来说，人性放纵的本能，是这些产品能够广受各界欢迎的重要原因。

在当前这种情境下，创始人讲述这个故事，其目的是建立信任，展现自己谨慎、务实的一面。他也很清楚如何才能讲好一个故事：语气直接，同时温和真诚，完全令对方信服。他进一步向CEO揭示，大基金公司投资组合名下的每家关联机构的资源，都会被充分调动起来，为查理饼干公司提供助力——相关业务领域涵盖了食品添加剂、塑料包装、物流运输、酒店经营和零售等。他们将会认真查看反映公司财务状况和发展前景的电子表格中的每个单元格。对于查理饼干公司管理层所做的各项经营假设，大基金公司的投资专家将会逐一交叉核对，力争在问题出现之前予以研判。CEO的成功将等同于大基金公司的成功，反之亦然。最后，创始人着重强调了CEO个人所面临的考验——这不仅涉及他毕生的工作成果和个人声誉，也涉及创设一项慈善遗产的机会。创始人认为，即使CEO的家人对于其数十年如一日兜售的高热量零食并不怎么感兴趣，但无论如何，这项慈善遗产终将成为他们整个家族引以为豪的重要成果。这位CEO所要做的，是收起自己的部分自尊，积极拥抱无法回避的未来，而不能沉溺于过往的荣耀无法自拔。对这位已经步入高龄的老人来说，这个提议可谓是完全无法拒绝的诱惑。

“好好琢磨一下，冰球的运行轨迹最终将落在哪里，而不能只关注球现在停在哪里。你心里很清楚，什么才是正确的答案。”

在CEO回家的路上，创始人最后的几句话一直在他脑海里回荡。他决心已定。他将与大基金公司合作，解决公司当前面临的症结，并在当天晚些时候，向大基金公司的两位合伙人发邮件，把自己的想法告诉他们。大基金公司显然已经决心投资查理饼干公司，CEO决定，打开大门迎接大基金公司的到来。

与此同时，大基金公司的这两位合伙人正在创始人办公室里做简要汇报。这间办公室比外界设想的要小很多。会议室中间最显眼的，是一张巨大的“独断”式总统桌，桌子后面是一张角度可调节的皮质扶手椅。皮革的绿色，与美元钞票上的颜色完全一样——这体现出大基金公司成立时，美国财政部部长给予的一点帮助。尽管其坐落于曼哈顿最昂贵的摩天大楼之一的最好楼层，远处就是中央公园的美景，但这间办公室连扇窗户都没有。办公室墙壁光秃秃的，用的是与桌子和地板相同的染色橡木墙板。与其说这是一个房间，倒不如说是一个书房，进来汇报的两位合伙人必须站着，因为房间里根本就没有给来访者准备座椅。桌子上没有记事本或文稿，也没有电脑或电话。这里唯一充斥的，是来来去去的各色人等，以及他们的各种争论。每个人都需要依靠自己。他们的成功或者失败，完全取决于他们自己的表现。

房间里的三个人都知道，一笔炙手可热的大手笔投资正在酝酿当中。查理饼干公司CEO必然会与大基金公司联系，确定有关投资的排他性条款，在这段时间里，大基金公司和查理饼干公司将共同研究，确定哪种投资方式最为恰当：是并购，是注资，还是私募股权团队和信贷团队建议的其他组合方式。创始人的魅力和智慧，将会使天平向有利于大基金公司的方向倾斜。合伙人都知道，他们必须共同合作，从财务、战略、政治等角度对查理饼干公司进行冷静而详尽的分析，并把分析结果呈报创始人，由他按照最符合公司及投资者利益的原则做出最终决定。他们出席与CEO及其管理团队的会议，一方面是出于大基金公司内部竞争的需要，另一方面也是为了把大基金公司的外部竞争对手排除出去。

无论CEO是否意识到，大基金公司两位合伙人都知道，他们很可能需要把查理饼干公司进行拆分才能挽救公司，也才能确保大基金公司的投资获得成功。激励他们不断努力的，是对竞争、对胜利的内在渴望。如果目标公司不愿意，那么他们就会迫使其变革——保持尊重的同时，关键时刻绝不犹豫。如果CEO没法继续参与董事会，那么他就会被晾在一边作为历史的过客。确保投资获得成功，这既是他们个人的希望，也是他们职业的目标。为了推动查理饼干公司获得成功，相关举措必须高度专注又客观冷静，实施方案必须精心设计，具体操作必须高度敏锐。

因此，这两位合伙人继续专注于手头的工作，更加细致地分析投资目标，为最终敲定这笔交易做好准备。在接下来的几个星期里，两个人配合紧密，对公司每项业务逐一分析核对，对财务报表上的每个数据仔细确认核查。他们关注每项产品的各个细节，包括配料原产地、营养成本（如果涉及）、烘焙系统和操作流程、甜品市场的空白领域等。他们思考如何优化工作日和周末的销售高峰时段。他们专门分析在线销售和送货上门的情况，积极面对一些不那么令人开心的问题，比如说肥胖症以及相关疾病等，而CEO年龄比较大，此前对这些情况往往习惯性地视而不见。他们还分析了一些保密信息，包括曲奇饼干的独特配方，这属于该品牌的核心秘密。

从头到尾的细致检查如今已接近完工，两位合伙人都很满意，因为他们知道，这笔投资蕴含着巨大的回报。用私募股权投资的术语来说，查理饼干公司“蕴含着创造价值的绝佳机会”。两个人更新了公司的业务发展规划，考虑了一些可能有效的经营设计。对每种产品，公司都测试了一些新的配方，在提升口感的同时，还能够做到低糖、低脂。这些产品的保质期被有效延长，也就是说，通过使用防腐剂，这些产品可以在货架上摆放更长时间。产品面市之后，消费者可以保存长达 90 天的美味食品，而不是像之前一样，一个月之后就只能眼睁睁看着这些食品变质。制造流程的变革，让各个门店再也不用现场加工，集中烘焙终于得以实现，按需供应的物流体系由此顺利搭建起来。各个门店再也不用作为微型烘焙商店，而是转型成为营销前站，吸引客户积极参与体验。公司搭建起现代化网站，消费者可以随时下单，如果门店缺货，消费者的不满情绪也会得到有效缓解。查理饼干公司将实现全年无休，随时向消费者供应甜点，后者只需要点几下鼠标就行了。

作为变革的一部分，他们说服 CEO，引入更加健康的生产线，利用椰子油和橄榄油等替代黄油，用碎切枣干和无花果等替代白糖。查理饼干公司的老客户可能不怎么喜欢这些，但是年轻人会。通过添加蛋白质、纤维素和维生素，如果命名合适、宣传妥当，引入几个重量级的代言人，大众甚至可以把这些饼干作为午餐的替代品。公司还聘请了顾问团队，帮助合伙人分析，如果与减肥品牌开展合作，到底是过于激进还是一项明智之举。不久之后，查理饼干公司就开始准备生产高蛋白饼干棒、燕麦烘焙面包、纤维饼干和维生素零食等产品。交易团队和公司管理层决定，目前所有产品的体积要压缩 10%，以便节约成本并推广更加健康的饼干产品。

两位合伙人还意识到，需要关注查理饼干公司的资本结构。面对华尔街银行的卖力推销，公司发行了一部分高收益债券，但并没有认识到其中蕴含的风险，也不知道如何争取有利于公司的发行条款。如果公司希望剥离诸如品牌和知识产权等有价值的资产，以便在紧急情况下通过出售或抵押等方式，再次举债来筹集资金，在这种情况下，债务人有权阻止公司的这种操作。信用评级一旦恶化，将会对公司造成哪些潜在的不利影响，公司 CEO 根本就不清楚，当然这种状况也是完全可以理解的，因为他本人还从来没有借过一分钱。他的家庭住宅是用几十年积累下来的现金买的。公司的运转同样依靠现金储备。在与 CEO 讨论的经营变革带来了财务业绩的改观后，两位合伙人制订了现有债务再融资的相关计划。

大基金公司设计的查理饼干公司经营改善方案，最终得到了 CEO 的批准，并且通过私募股权团队和信贷团队的共同参与，大基金公司搞定了这笔投资。私募股权基金将购买公司的控股权，以更加有利的条款回购公司发行的高收益债券、重组其债务结构，并通过循环授信措施，重新梳理公司的现金流。这套方案效果不错，合伙人对运行结果也很满意。如今，查理饼干公司的组织结构更加精简，财务状况更加健康，资本管理更加高效。两个合伙人都进入了这家公司的董事会。他们未来将继续合作，当然也不时地希望能够领先对方一头。在大基金公司的帮助下，查理饼干公司的成本得到有效压缩，现金流更为充裕，饼干种类有所增加，成为市场赢家。在付费媒体的传播下，这个老牌子在新一代消费者眼中显得很酷，好莱坞明星的客串宣传视频迅速传播开来。

在这些措施的推动下，加上提拔管理团队的中层员工等常规操作，预计公司未来 5 年利润将涨 3 倍，并保持强劲发展态势。查理饼干公司一时名声大噪，并被卖给了一家亚洲跨国食品集团，该集团急于扩张海外市场并稳固其国内快速增长的甜品市场——交易价格远远超过大基金公司的预期。

查理饼干公司的 CEO，大基金公司及其投资者，亚洲这家新老板，他们都成功地各取所需：具有悠久历史的品牌得以重现辉煌、快速成长，金额不菲的慈善资本进一步充实了老人的遗产，大基金公司及其投资者获得了丰厚的回报。这些投资者赚取了 5 倍的收益。这样的投资回报，才是吸引养老金等机构投资者不断加大投资的原因所在。美国以及欧洲、亚洲等数百万人在享受查理饼干公司的产品，但他们绝大多数人都不知道，这一切的背后，是大基金公司的资金投入、共同协作，才让这家公司重焕生机，让他们的养老金更加安全。从某种程度上来说，未来的退休人员也都是饼干行业的利益相关者。

在这笔投资中，大基金公司收取了2%的管理费和20%的投资利润分成，同时还有几百万美元的交易费。把所有的收益加在一起，大基金公司投资者每投资1美元，最终得到5美元，其中1美元由大基金公司拿走，作为附带收益和其他基金管理成本，剩下的4美元给投资者。大基金公司及其合伙人也投入了部分资金，在这笔投资中占总投资规模的2%，但总体而言，承担风险的是投资者的资金。

—— * ——

私募股权投资或者信贷投资的时间框架非常重要。在绝大多数情况下，就像我们所介绍的那样，这种投资不属于持续几代人时间的长期战略投资。这不是建造帝国大厦，也不是对未来的一场绝对不能失手的豪赌。这种投资也并非高频交易，通过实时交易活动攫取利润。与此相反，无论是并购目标企业全部或者部分资产，还是提供信贷支持或收购信贷资产，它都属于中期资金配置。这种投资必须在某个时点进行出售。它属于临时性的投资行为。

同样真实不虚的是，当其他融资渠道无法依靠的时候，正是私人资本站了出来，它们通常承担着巨大的风险，支持某个正在成长或者陷入困境的企业。在我们所介绍的案例中，大基金公司（以投资者的资金）冒着巨大的风险，面对查理饼干公司面临破产威胁的紧急时刻，在很短的时间里让这家公司重回正轨，为数千人提供了就业机会，让这家久负盛名的品牌重获新生。在现实生活中，每年像这样的例子可谓数不胜数，许多公司都陷入困境、无路可走，此时私人资本会对其进行分析并评估相应的风险收益。面对这些困难公司，公开市场不会提供一分钱的帮助，政府可能会视而不见，其他人也不会关心，这在一定程度上是因为，传统的融资渠道倾向于更加安全、更为简单的投资领域。

当其他人纷纷离场的时候，私募股权会逆向而入，接受挑战。从这个角度来说，2% 的管理费和 20% 的投资利润分成（或者其他相似的收费水平），看起来并不能算是离谱的价值回报。也许，积极承担其他人避之不及的风险，梳理复杂问题并推动其恢复正常，具备其他人所缺乏的战略眼光，这些都能够充分说明，持续创造稳定回报的私募股权，完全有理由获得这样丰厚的回报奖励。

让我们深入分析一下这种投资回报机制。为了实现私募股权能够产生的结果，投资专家必须积极主动、直接参与各项工作当中。每笔投资都需要他们做大量的工作。我们可以把私募股权投资想象为买下一座房子进行翻修，然后几年之后择机出售。为了让下一个买家相信，这座房子值得购买，你必须对房屋进行实实在在的全面翻修才行。买家来看房的时候，仅仅对房子进行喷漆粉刷、摆上几束花显然不行。于是，你就会考虑增加一间地下室、将阁楼改造成公寓、拆除墙壁并改善层高，从而优化房屋的空间布局，还要安装新的厨房和浴室。现在，风险层级又提高了。如果你买的房子坐落于未经规划的区域，而你赌的是有一座正在建设的火车站，那该如何是好？在这种情况下，你的投资就取决于，未来这个地区能否变成时尚住宅区。如果此前做过研究，那么这笔投资还算是有点依据。如果没有做过研究，这笔投资最终可能就会成为一场灾难。你在购房的时候，通过抵押贷款获得了大部分购买资金，无论是房屋出租或者自住，如果不能按时偿还贷款，这所房屋的钥匙可能就会被拿走。要想得到购房贷款，你首先要把建造这所房屋的砖块、砂浆等抵押给银行才行。作为借款者，如果这笔投资出现问题，第一个需要偿还的对象就是银行。

截至目前，我介绍的都是大家已经比较熟悉的情形。现在让我们将这个类比深化，以适用于私募股权。如果由于目标项目规模庞大而且十分复杂，投入的资金并非你的自有资金，而是从投资者那里募集而来，那该如何是好呢？如果说为了找到最合适购买房产的地方（好的地段，房产结构完整并十分安全，临近学校和医院，拥有户外空间，距离商店很近等），你需要相关数据资料支撑，需要咨询相关人员，但这些都很难找到，此时该怎么办？如果你需要一个重量级的顾问团队，帮你具体执行相关计划，改善资产状况，此时又该怎么办？如果临近投资退出的时候，你了解到很难找到下一个买家，那该怎么办？也许，当你考虑到这方方面面的情况之后，决定聘请一位资产管理经理，帮你寻找项目并做好具体投资工作。如果这位资产管理经理能够妥善处理好所有的工作，并且有时间、资源和经验，那你又该如何选择呢？如果这位资产管理经理能够与债权人进行良好的沟通，即使在形势很困难的时候，也能帮你避免破产，并继续保住房屋的所有权，那你会如何选择呢？如果他们能够证明，他们不仅能够管理好房屋，也能管理好包括办公大楼到体育场馆在内的其他各类物业，那你又会如何选择呢？

当你开始掌握私募股权投资专家在投资交易过程中所必须掌握的专业知识时，管理报酬率就开始成为关注的焦点。这属于高端服务，收费自然不菲。我们也可以介绍一下，那些顶级公司所搭建的所谓“业务护城河”到底包括哪些内容。这些公司拥有专业技能、信息资源、业界人脉和业绩记录，依靠这些才能更好地服务客户。这些优势很难长期保持，更难以简单复制，因此，要模仿它们是非常困难的事情。

这种受保护的市场地位，已经成为这类机构在经济谈判过程中争取有利条款的有效抓手。大型投资公司也受益于投资机构整合，比如说养老基金和主权财富基金等大型机构投资者，越来越把资金集中投资于行业日益推崇、数量愈发有限的少数几家热门资产管理公司手中。这些大型机构投资者围绕它们所中意的私募股权品牌，针对后者发售的私募股权投资策略产品，投入了越来越多的资金。它们既会支持某个知名品牌，也会支持某个独立团队或者某只特定基金产品。这种方式比较容易重复开展尽职调查，而如果你信任某个知名的私募股权机构，你就无须每次从头开展尽职调查，也无须去了解这家机构以及你即将购买的特定基金产品。私募股权行业的这种情况，与其他许多行业并没有什么不同，品牌形象属于最关键的考虑因素。如果你对新的智能手机感兴趣，那么很可能会走进苹果商店。如果你喜欢网上购物，亚马逊网站也是一个不错的去处。

同样的情况，也适用于像KKR、黑石、银湖和凯雷等私募股权机构。这些机构和其他类似组织都属于行业的超级明星，相比于行业其他机构，它们能够更容易地从一批稳定的机构投资者那里募集资金。与那些不够知名的私募股权机构相比，这些“富人”不需要在全球范围内四处募集资金。它们拥有成熟的募资渠道，投资者对它们偏爱有加，愿意认购其发行的杠杆并购、信贷、房地产和基础设施等基金产品。它们总是持续不断地发行基金产品，投资者也经常把此前投资获取的收益，再次用于购买这些机构新发行的各类产品。

这种互动对双方来说都十分便利——私募股权公司可以掌管充沛的资金，投资者能够获得稳定的投资收益，保障退休后的生活质量。私募股权公司将会竭尽全力，利用手中的每一种工具，为投资者创造更高的单位风险回报率，同时鉴于其承担的负债责任，养老基金也需要不断将资金配置到私募股权投资产品和其他私人资本投资策略当中。这是一种互相成就的共生关系，双方的合作广度和深度也都在不断扩大。

在前面两章当中，我们重点分析了相互竞争和获取成功的必要性，以及这种竞争可以给投资者以及私募股权公司带来哪些好处。下一章，我们将分析市场竞争所萌生的硕果：竞争点燃了创意的火花，由此滋生和开拓出一片全新的投资领域。此前我们已经提过，保险投资和信贷投资已经成为蓬勃增长的投资蓝海，私募股权投资在这些领域正在稳步取代传统的融资方式。现在，我们转向一个更加广阔的投资领域，这个领域在大约 20 年之前，最大的另类资产管理公司对其几乎没有什么兴趣，但如今，已经引起他们的极大关注，部分原因是日益陈旧的公共设施面临更新需求，需要巨量的资本投入，这在发达经济体当中体现得尤为明显。正如同创造性突破经常面临的情况一样，市场创意的火花，通常来自人们意想不到的领域。

第十章

破釜沉舟　永无止息

“你在开玩笑吗？你的基金有多大规模？”

一位雷曼兄弟公司的银行家对着办公电话大声喊道，丝毫不掩饰自己的鄙视语气，电话的另一头是他从没听过的私募股权同行，这位同行正在澳大利亚悉尼市。在位于曼哈顿中城写字楼的办公室里，这位银行家似乎已经触及了这座城市的顶峰，到处都是不断寻求大笔交易、赚取快钱、掌控更多权力的金融专业人士。他的世界，是由黑色豪华轿车、昂贵的餐厅和定制西装所组成的奢靡世界。现在已经是 2003 年，尽管信贷过度繁荣可能意味着未来几年市场将面临冷酷的清算，但几乎没有人按下暂停键考虑这种可能性。这位银行家更是如此，他极度崇拜他公司的 CEO，对 CEO 的一言一行、工作风格坚信不疑。他的账面财富已经达到了 5 000 万美元，主要是其所持有的所在公司的股票——可惜当时没有人能够预见，到这个 10 年末的时候，这些股票将变得一文不值。

作为并购领域的专家，他最重视的客户是总部位于纽约的全球著名的杠杆并购公司。这家老牌美国私募股权机构正在领跑众多同行，试图收购从欧洲广播公司剥离出来的规模庞大的通信基础设施，后者作为一家历史悠久的广播巨头，坐拥全欧洲规模最大、最具影响力的电视网络和广播电台。被拍卖的设施包括其众多的广播电视塔，通过塔台网络在空中传输电视和无线电信号所需的设备，以及将工作室制作的媒体内容转换成可传输的电视信号和广播信号并发送给观众和听众的处理设备。最重要的是，具体从事这些活动的工程师和技术支持人员也将包括在这笔交易范围之内。这些人都积累了数十年不可替代的宝贵经验，要想通过培训新人来接替这些专业人员，需要花费很多年的时间才能实现。

几十年来，广播和传媒行业的主流观点认为，行业基础设施和从业者不能与工作室生产的创意内容割裂开来。这种媒体传播方式必须与内容制作方如影随形，并且都归于同一家公司或集团管理，就如同是一个等式必不可少的两边一样。如今，有线电视公司和其他媒体纷纷涌现，竞争态势日趋激烈，这迫使传统媒体集团重新评估上述观点。欧洲广播公司必须想方设法筹集资金，才能有效开展市场竞争，并保持（还谈不上扩大）其对新一代互联网受众的吸引力。他们研究提出的解决方案是，将通信基础设施剥离出来并作为独立业务出售给第三方。这将是一笔高达数十亿美元的交易。

欧洲广播公司的电视台和广播电台将被剥离出来，成为新公司的核心客户资产，其收入和服务将按照此前签署的10年服务合同继续履行，并且新公司也可以选择续约。由于这些电台属于公共服务广播机构，它们需要完全依靠这些待售的通信设施，才能为公司广播许可证范围内的全国客户提供服务。只有现有的广播电视塔和设施网络覆盖范围足够广泛、功能足够强大，才能满足全国客户的需要。只有这组工程师和技术支持人员才能运行这些通信设备。举例来说，如果想在每个家庭安装新的电缆或者光纤，其成本将过于昂贵。因此，这些电视台和广播站的客户十分稳定。参与竞价的私募股权机构看到了这家投资标的稳定的收入和现金流，再加上它们此前的投资曾涉及相关媒体和科技领域，有经验可以参考，因此，它们认为自己的报价是有现实依据的。华尔街的投资银行高盛代表欧洲广播公司举行这场拍卖，它同时提出，可以为中标者发行高收益债券并提供贷款，为这笔杠杆并购提供资金支持。这笔投资涉及从准国有机构当中剥离基础设施和相关资产，属于市场首创，如果能够成功，很可能会在其他市场上掀起围绕通信类基础设施资产开展并购的交易浪潮。

这是21世纪以来最热门的交易并购案例之一。然而，雷曼兄弟公司的这位银行家并没有把宝贵的时间花在曼哈顿的私募股权客户身上，而是与这位澳大利亚的私募股权基金经理沟通，简直就是浪费时间，后者也在计划竞购相同资产。在他来看，这个澳大利亚基金经理不仅是一个出人意料的竞标者，而且作为不知道从哪里冒出来的家伙，似乎根本不明白自己在金融市场上的地位。这个澳大利亚人勇气可嘉，竟然直接打电话给银行家的美国私募股权客户，客户不忍心直接拒绝，将其转给雷曼兄弟公司的这位银行家。出于职业礼节，雷曼兄弟公司的这位职业银行家不得不回电话。他知道，私募股权投资专家喜欢开诚布公，他承诺给这个人五分钟的时间。

然而，在电话上，这个澳大利亚人十分严肃而且过于较真。他解释说，自己是澳大利亚最大的投资银行设立的一只新型投资产品的负责人，这家银行也是亚太地区前十大银行之一。这只新型投资产品是一只刚刚起步的私募股权基金，但未来发展前景十分广阔，产品管理人的历史投资业绩也十分亮眼。当然，无论是这家澳大利亚投资银行，还是这只新的基金，在纽约或者伦敦都还没什么名气，但其已经取得的成功显而易见，在澳大利亚已经完成了类似的基础设施投资项目，这次与私募股权公司进行电话沟通，其目的就是希望双方就通信基础设施交易进行合作。这笔投资的规模可能达到8亿美元，2003年的时候，私募股权公司之间就这种规模的项目进行共享并展开合作的案例还不多。作为增值服务的一部分，澳大利亚人可以提供专属融资技术和运营思路等方面的支持，而这一切显然还没有在纽约或者伦敦市场上得到普及推广。他声称自己拥有某种“特定优势”，可以帮助并购公司获得成功。

澳大利亚人提议，股权投资以及投资收益由双方平分。投入的资金、收取的管理费、投资收益、交易的曝光宣传等，都由双方共担共享。他建议，银行家的美国客户聘请这家澳大利亚银行，与雷曼兄弟公司一起作为其投资顾问，这两家机构应当紧密合作，两家银行都扮演咨询顾问的角色，两只基金都作为目标客户。最后，他回答了雷曼兄弟公司银行家的第一个问题，也就是基金规模的问题。目前澳大利亚这只私募基金只有 2 亿美元，但在这笔交易完成之前，由澳大利亚银行作为承销商，通过向澳大利亚养老基金发行权益资本管理产品，还能募集 2 亿美元，这样就足以募集到这笔投资一半的金额了。这笔资金是根据需求随时募集，而不是像常见的私募股权基金那样提前募集，但是无论如何，这种募资方式没有什么可担心的。

但在这位美国银行家的耳中，他听到的只有这只基金目前的规模。2 亿美元？全投资在一笔交易当中？而且这还只是所需资金的一半？简直是胡说八道！他根本没有想到去多问一句，这个澳大利亚人所说的融资技术和运营思路到底是什么东西。他根本没有想一下，他的私募股权客户对于刚才的建议将会作何感想。实际上，他根本就没想。此时，他十分确定，与这个澳大利亚人合作将极度荒谬，他觉得，自己有责任让对方认清其自身的定位。

“我明说了吧。我们根本不会跟你合作。我们也绝对不会雇你。兄弟，感谢来电，祝未来好运。”

—— * ——

上面这段简短的描述，是基于真实事件进行的改编；现实中真实发生的事情，要远比这里的虚构故事残酷得多。面对纽约和伦敦那些老牌金融家，来自澳大利亚的这些人不止一次被冷眼以对。有一次，我看到一家知名大型私募股权机构的合伙人，表面十分热情，答应与他们讨论合作的创意和具体方式，却把后者晾在会议室里长达三个多小时。随后，在 20 分钟的讨论时间里，这名合伙人一直在假模假式地奋笔疾书、认真记录，但在接下来的两个月里，随着交易的推进，他没有回过他们的电话。也许，澳大利亚人真的有点天真，根本不会想到他们会以如此卑鄙的方式行事。

这些金融从业者所不知道的是，澳大利亚人是抱着孤注一掷的心情来到这里的。他们的领导者用这个词，来形容他们对新颖、有效的东西的强烈渴望。通常“孤注一掷”这个词带有负面的含义，但在这种情景下，这个词不仅意味着对成功的渴求，也意味着对胜利的需要——因为一旦失败，就意味着他们在对抗世界头部私募股权机构的过程中，其创业努力被消灭在萌芽状态。这个澳大利亚人运行创投基金的预算规模十分有限，尽管可以通过一些财务会计操作进行变通安排，但公司老板的耐心是有限的。在大型私募股权基金中，合伙人具有一定的操作空间，也可以承担一部分投资失败的成本。但澳大利亚人的这只基金却并不适合这种情况，其资金预算更加严苛，时间安排更加紧张。他没有成熟的品牌形象可以依靠，也没有亮眼的商务名片可以分发，出行只能坐地铁和飞机的经济舱。他所拥有的，只是一个聪明的创意。

这个创意是什么？简单来说，是围绕“硬资产”或者“基础设施资产”的投融资活动，这位澳大利亚人在其国内市场上积累了丰富的经验。相比于私募股权公司对化学制品企业、医疗保健企业等业务并购之后加以管理运作的投资模式，澳大利亚人通过对电视和移动网络塔台、机场和港口、收费公路和收费关卡等资产的管理运作，给借款人带来更加安全稳健的投资回报。他们说服借款人，这类资产的投资管理策略是长期持有，至少 10 年，其间可以从这些资产产生的重组现金流当中获取分红，而不是为了快速获利将这些资产出售。

未来某一天，这些“基础设施”资产也可能会以合适的价格卖掉，但没有退出压力。实际上，澳大利亚这只基金的投资者，比如说当地的养老基金等机构投资者，已经开始认同这种长期稳定获得分红的投资理念。

赢得投资者的认同之后，他们就可以把诸如高速公路建设等项目融资过程中所使用的融资技术，应用到这种全新的所谓基础设施资产杠杆并购业务中。这种融资技术需要借助更大规模、更低成本的债务资金，而这通常只有在杠杆并购中才被允许使用，这也体现出市场观念的变迁，也就是相比于为“普通”的杠杆并购提供贷款或并购资金支持，如果能够得到恰当的管理，投资基础设施资产的安全性要高得多。这种思路转变的跨度无疑十分巨大，但这一切都是建立在市场实际需求的基础之上。在所有求购欧洲广播公司的竞争者当中，这位澳大利亚人的切入视角，就如同是拍卖会上的黑马一样呈现在大家面前，其他绝大多数竞标者都认为，这位澳大利亚人的方法过于幼稚、完全错误，或者两者兼而有之。

这位澳大利亚人已经预见到，全球私募股权领域最大的投资者，也就是大型养老基金和主权财富基金，坐拥数千亿美元的巨额资金，需要获得持续稳定的投资回报，一直以来都在四处找寻合适的投资标的——很快就会蜂拥至基础设施资产领域。为什么会这样？因为这类资产的特点很容易吸引那些追求高投资回报、高资产安全性的投资者。它们通常涉及建造和更换难度都很高的实物资产，并且通常需要营业许可、租赁或者特许经营权等资质要求。这类资产的特点还包括，收入以长期合同为基础、竞争对手进入门槛高、经营利润率很高、资本支出可以提前数年规划，并且现金流充足，可用于支付股息和偿还廉价而巨额的债务。

机场等基础设施资产运营商与客户所签署的服务合同，比如说航班协议等，通常相关条款都比较严格，一旦违约就会受到严厉的处罚。如果出现问题，所有相关方都会遭受严重损失，这还不包括媒体的负面报道和严厉的监管检查。在很多时候，这些资产都被视为必不可少的公共设施，因为其通常不太可能倒闭。涉及基础设施资产的投资交易，相比于杠杆并购，其融资成本更低、融资期限更长、杠杆程度更高。这也就意味着，相关债务的成本会更低，投资者的持股比例会更低，如果能够投资成功，最后的回报也会更高。

这位澳大利亚人所设想的融资技术，也涉及并购交易当中一些不常见的概念，比如说通过购买信用保险让债务资金看起来更安全一些——由此也会减少所支付的利息——并借助美国的社区银行的大型项目融资部门提供支持，后者将很乐意参与通常由华尔街银行主导的大型交易活动中。社区银行家可以获得数百万美元的费用收入，然后发现基础设施投资项目一笔接着一笔地找上门来。此前一度被认为毫无吸引力，甚至极度无聊的业务领域，如今已经是一片生机盎然的沃土。

这就是这个澳大利亚人对欧洲广播公司感兴趣的原因。其中的诀窍在于，把这家目标公司的塔台和相关资产作为一项资产包，以基础设施资产的名义进行交易流转。他们的投资设想是，把这些资产打包、为它们融资，最终将它们作为一项长期稳定的业务进行运营，定期获得健康的分红回报。这些资产的特点，能够让他们的投资设想变成现实。公共服务广播公司是目标客户的组成部分，它们需要依靠这些塔台基础设施，才能向公众提供电视和广播信号，并为社会提供连续不间断的服务，正如同运营许可证所规定的那样。考虑到支持这些广播公司的，是一些国家机构，因此根本不会出现不付款的情况，它们都属于信用等级最高的客户。一切可谓万无一失。

澳大利亚团队实施了尽职调查，其工作的全面深入程度，连负责这笔投资推广的高盛集团都表示前所未闻。他们深入每个细节当中，绝不错过任何重要内容，没有丝毫的懈怠。交易团队从头到尾逐项梳理每一份合同，全面了解目标企业的收入和现金流状况。他们没有简单依靠律师或者咨询顾问帮助梳理相关的合同条款，而是自己仔细阅读以确保不出纰漏。没有人试图高高在上脱离实际，也没有人觉得自己资历深厚到无须通过通宵电话沟通，就能跨越两个半球敲定这笔投资。他们对目标公司的订单状况和成本结构情况自上而下展开深入分析，对每一部分收入都进行认真检查。现金流的未来可预测性如何？客户信用评级状况怎么样？客户续约是否重要？合同期间是否可以提价？什么时候续签合同？新的合同条款如何敲定？在哪些领域可以降低成本？这笔交易结束后，是否有其他塔台资产可以作为补强型收购来购买？围绕合同预期收入和现实收入，以及安全现金流和潜在现金流，二者之间的差异化资金成本如何分配等问题，各方争论愈演愈烈。所有这一切都在谈笑风生过程中最终得以顺利完成。

澳大利亚团队需要证明自己。面对华尔街老牌操盘手的傲慢和自负，新来者需要互相打气，更加刻苦地工作，更加睿智地思考，更加敏锐地行动。当在全球搜寻投资机会的时候，他们并没有成熟的市场品牌可以依靠，他们完全需要依靠自己，这让他们感到自豪。每个人有一张桌子、一台笔记本电脑和一部电话。没有专门的办公室。即使澳大利亚银行的 CEO，也只能与大家坐在一起（尽管他为自己永久保留了一间很小的会议室，以用于秘密通话）。公司位于伦敦和纽约的资深交易员，经常半夜被来自悉尼总部咄咄逼人的劝勉叫醒：“起来了，懒虫！投资成功之后再睡吧！”

这就是孤注一掷的姿态——要把并购业务重新包装成“基础设施”投资的样式，从而获得成功。如果交易团队能够做到这一点，他们就可以说服资金提供者，这类投资的违约风险极低——更像是收费公路或者收费桥梁建设的相关风险，而不是私募股权公司从事普通杠杆并购的相关风险。之后，在为这笔投资进行融资的时候，就可以将其看作一个建设或者是维护国家基础设施重要组成部分的项目，而不是把它看作一笔杠杆并购。如果用数字来说明这种情况：2003 年，对于这类投资交易，发行高收益债券大约需要支付 8% 的利率，交易价格的 60% 可以通过债务融资的方式加以解决。但是，如果这笔投资标的被定义成基础设施项目，那么融资成本最低可以达到3%，杠杆占到交易价格的 80%。这是一笔更加“安全”的投资，可以通过更多的债务融资、更少的股权投入进行操作。

在这种情况下，目标公司产生的现金流将很少用于支付并购债务的利息，而更多地用于向投资者支付股息，也就是所谓的持续现金流回报。这类投资的每月或者每季的现金流安全边际会更有保障，鉴于权益投资金额更低，权益投资的回报率就会得到有效提升。

这就意味着，在与传统私募股权机构竞标者的竞赛当中，澳大利亚团队可以放弃部分超额收益，支付更高的并购价格。这也意味着他们将笑到最后。如果他们真的认为，这类资产的风险低于杠杆并购的情况，那么他们在一开始的时候，就会选择较低的投资回报，比如说年回报率 15%，而不是私募股权机构通常希望的 20% 甚至更高。把这些情况汇总在一起——持续现金流收益、较少的股权资本投入、较低的风险和较低预期回报，按照基础设施投资加以管理，可以让澳大利亚团队在拍卖过程中轻松击败传统的私募股权公司，与此同时还能够赚取不菲的收益，为投资者创造有吸引力的投资回报。

这正是欧洲广播公司所面临的情况。尽管各家杠杆并购公司为这场激烈的竞购战准备了各种武器，但最后的结果可想而知。来自澳大利亚的交易团队不仅赢得了这笔交易，后续一笔接一笔的投资交易都被他们收入囊中，这种先发优势持续了很多年。老牌的私募股权公司在很久之后，才认识到这种优势真实不虚，开始加以模仿和改进。私募股权公司里有很多人对此持怀疑态度，他们认为这笔投资最终将像纸牌屋一样分崩离析。当然，他们的运气都还不错，但在专业方面却很难说自己更胜一筹。

对澳大利亚团队来说，投资过程中采取“基础设施”形式有很多好处，既有利于安排并购融资，也能够加深对欧洲广播公司塔台资产运营管理的理解。此前在澳大利亚，他们已经积累了基础设施资产的投资运营经验，从收费公路到通信塔台等领域，他们都有涉及，这就意味着当参加关键的收入合同谈判时，这个交易团队的优势将会进一步凸显。他们已经掌握了这个新产业的行业术语，包括如何将收入与通胀挂钩，如何通过服务外包来降低成本，如何确保资本支出能够通过高效的融资安排得到满足，如何才能获取足够的回报等。他们已经搭建起涵盖经营管理和专业技术的人才团队，可以协助他们开展尽职调查，并在收购交易完成后开展具体运营工作。他们已经知道，面对从集团业务中剥离出来的基础设施资产，如何构建和协商相关的资产拆分及过渡协议，一如欧洲广播公司投资过程中所面临的情况一样。

此外，由于这种商业安排的时间跨度比杠杆并购的 5 年标准期限要长一些，澳大利亚团队在向政府购买这些资产的时候，其自身定位也区别于私募股权公司。在这里，政府属于通过私有化或者其他清盘程序出售国有基础设施资产的卖家。澳大利亚团队向监管者呈现出良好的买家形象。作为竞标者，他们不仅可以支付最高的价格，还掌握经营诀窍，同时短期内还不会着急转卖出手。

如今，基础设施投资已经成为私募股权行业投资的核心内容，每家头部公司都会发行各类基金产品，投资于基础设施领域的方方面面，包括交通运输、能源和公共事业、供水和垃圾处理、通信和数字基础设施、发电和可再生能源等。

的确，在上述故事原型的投资事件发生之后的20年里，基础设施资产的投资回报率有所下降，究其原因，部分是由于有许多市场投资机构加入进来。我们不能想当然地认为，基础服务和公共事业类资产投资，可以像私募股权通常能做到的一样，每年能够为投资者带来同样的投资回报，除非此类资产极度复杂或者面临一系列风险，比如说它们出现问题，因为破产而被收购，或者目标资产由某项基础设施资产和其他风险更高的资产组合而成，这会导致该笔投资相比于单纯的基础设施投资，显得更不稳定、投资前景更难以预测。

过去20年里，还有一个值得关注的事实，那就是专注于基础设施资产的投资专家，也时不时接受惨痛的市场教训，他们推动的许多投资，最终发现根本就不是基础设施资产。很多时候，这些投资之所以最终酿成惨案，主要是过度嵌套、层层包装的结果。许多投资案例表面上打着基础设施资产的标签，相关回报潜力早已被挖掘殆尽，实际上只不过是普通的杠杆并购。诸如黄页、度假轮渡、停车场、固话运营商等多项业务，曾经被狂热的潜在投资者吹捧为核心资产。许多公司在面临困难后被迫重组求生，这些困难包括科技进步的冲击、竞争环境或者客户需求出人意料的变化等。与此相反，有一些资产几乎面临整个市场的哄抢，但最终没有落入基础设施竞标者的手中，如果这些资产能被热衷于基础设施投资的专家收购，它们可能会获得很好的发展。

私募股权如今已经取得长足进步，整个行业也从所犯的错误当中汲取教训，这一切努力，使得如今这个领域已经日趋成熟，众多投资公司都参与其中，既包括大型私募股权公司，也包括专门开展基础设施资产投资的公司。与行业早期的成长阶段相比，现在已经发展到对各个大类资产进行整合。同时，随着地缘政治日趋复杂，政治势力分化、联盟不断重塑，国家基础设施显得更加重要，使得该投资领域对投资者的吸引力进一步增加，具体可供投资的资产，既包括运输管道、能源电力，也包括供水设施、机场建筑，还包括数据录入和其他形式的技术类基础设施等。基础设施领域的投资机会将长期持续存在。

—— * ——

就像极致聪慧和前瞻性思维在保险投资中的重要性一样，在私募股权专家能够在长周期之内获得成功的必备要素当中，我们可以再加上一条，那就是对成功的极度渴望。这种渴望，可以激发真正的创意，一般竞争对手很难做到这一点。对澳大利亚人来说，正是通过这种方式，才让他们的投资特质充分绽放，并成功击碎了华尔街下意识的质疑，赢得了进入投资俱乐部的入场券。对他们而言，一般的成功欲望是远远不够的。

这种对成功的极度渴望，将能够创造多大的价值？对基础设施领域的投资先行者来说，他们可不仅仅是全新投资领域的创新者，在为自身及投资者创造价值方面，他们同样富有创造力。相关投资产品背后的投资银行都属于上市机构，这与如今的大型私募股权机构没什么两样。基础设施投资基金的收费模式类似于“2+20”，这与如今主要的私募股权基金十分相似。另外，开展投资业务活动要收取投资交易费，目标资产融资或者再融资要收取融资费，参加被投资企业的董事会会议和参与制订商业计划等要收取监督管理费，投资退出的时候还要收取交易费。通常情况下，这些基础设施投资会出售给当地类似的养老基金投资机构，后者在一开始的时候就为相关投资产品发行和募资等活动提供过支持。

将基础设施作为投资的一项资产大类，对私募股权机构来说，还带来了额外的好处，那就是衍生出一个全新的分析视角，可供投资专家在审视潜在投资标的时加以运用，即使投资标的不属于基础设施资产，也不影响这种分析视角的应用。在分析私募股权投资或者不良债务资产的时候，投资公司通过所掌握的基础设施投资专项分析技术，可以为交易团队提供支持，研究相关实物资产是否属于或者是否可以加入投资范围之内，并通过不同的分析视角，研究市场准入和客户转换等面临的障碍，有效分析对相关客户的依赖程度，全面研判其收入状况和现金流状况的安全性和稳定性，同时评估客户合同的具体结构和续约安排。由于增加了这种专业的分析视角，交易团队可以对投资对象的防御性特点或者弱点等进行更好的分析。这就像房地产投资基金所增加的视角有助于其了解有关房地产的问题，或者具有信贷管理经验的机构可以分析并购目标的真实情况，并对其资本结构进行评估一样。

鉴于基础设施资产的投资成本或者说预期收益通常低于私募股权投资，私募股权投资专家在评估投资的时候就拥有了一个额外的工具来分析如何有效制定和影响投资目标的战略发展规划：是否需要为这家公司购买配套的基础设施，还是说通过租赁就可以？是否可以折价买下这些不受欢迎的实物资产？也许可以把这部分资产剥离出来，卖给愿意出更高价格的基础设施资产竞标人，因为其只需要较低的投资回报？是否可以买下一笔业务，将其非基础设施资产处理掉，把剩下的打包成基础设施资产，从而实现高额的投资回报并获利退出？

如今，投资专家手中可用于投资分析的工具又多了一项内容。当诸如基础设施投资和信贷投资两种资管产品有机融合的时候，私募股权公司的经营管理就会发生相应的化学反应。在基金管理公司看来，基础设施不仅仅是有待并购或剥离的一项独立业务领域，也是一个寻找债务资产的狩猎场。信贷基金正在积极寻找基础设施投资过程中的债务投资机会，无论是优质债务资产还是不良债务资产，它们都希望能够参与其中，当然这一切都离不开基础设施领域的管理经验。对私募股权公司管理的信贷基金而言，基础设施领域已经成为其业务增长的动力源泉。

除了财务回报和特许经营方面的好处，私募股权行业的持续创新，还推动行业进一步强化了对各类信息的重视程度。每当一个新的投资领域或者新的投资产品诞生，有关该领域和产品的数据信息就被收集上来，充实到私募股权公司及其投资组合公司所掌控的数据库当中。这些信息涉及方方面面，包括目标公司及其所处行业、竞争对手、相关客户、供应商等，通常关键员工信息也包括在内。私募股权公司通常也掌握了相关行业和目标公司的财务业绩、运营指标、监管问责和尽职调查等数据资料。这些信息是通过不同的投资策略收集的，包括私募股权投资、信贷投资、基础设施投资、房地产投资等。甚至还有一些你认为私募股权公司可能不会掌握的数据——从你可能使用的约会应用程序，到你可能去看的牙医，各个领域的数据都被包括在内。

私募股权公司内部的这个知识宝库——持续更新并加以管理，以防止出现利益冲突——被提炼出来，提供给公司的投资专家使用。交易团队可以从公司在相关行业的历史投资当中汲取经验教训。举例来说，一家化学制品公司对于其所销售的食品包装产品这个行业会有比较深入的了解；一家连锁医院能够提供其所依赖的医疗用品供货商的详细信息；一家食品零售集团拥有客户每周购物情况的数据，以及为其提供新鲜农产品的农业部门的数据。随着每笔交易的达成以及时间的积累，私募股权公司收集的数据不断增长，其专业经验也会不断深化。

这些信息提炼的过程，也是投资优势不断增长的过程。通过这些信息，满怀抱负的私募股权投资专家能够清楚地知道，当一笔糟糕的投资创意出现时，必须毙掉；当有说服力的事实数据作为支撑时，要坚决同意。下一章，我们将会深入探讨这种信息数据的优势，揭示数据的收集和运用如何关系到养老基金和其他投资者翘首以盼的投资收益。我们将会看到，从某种意义上来说，私募股权投资的观察和分析工作从来没有停息的时候。

第十一章

集思广益　信息制胜

不冲突，无利益。

想象一下，你正控制着一家企业集团，其业务范围遍及全球各地。这个集团主体是一家大型私募股权公司，通过其管理的基金控制和影响着多家企业，投资的资金涉及私人资本的多种投资策略，包括私募股权投资、信贷投资、房地产投资等。投资涉及的业务范围极为广阔，几乎渗透到经济领域的方方面面：航空航天和国防、消费和零售、媒体和电信、房地产和基础设施、能源和公共事业、银行和保险、商业经营和消费者服务、健康护理和医药产业、工业生产和制造业、交通运输和旅游业，以及科技产业等。你所掌控的商业帝国，涵盖了300多笔独立的投资、200多家企业，共计雇用了数十万名员工。作为这些业务的积极管理者，你手下的顶级投资人员通过实施重大影响，比如担任董事会成员等，对每家企业进行管理。

集团的业务规模和范围非常庞大，除了各行业的交易团队，你还搭建了公司高管团队，由他们负责投资具体运营。这些管理专家协助控股公司精简流程、提高决策质量和效率、推动转型发展。无论是制订战略规划和业务计划，选聘董事和非执行董事，还是投资信息技术和管理系统，提高公司差异化竞争能力，推动解决问题，你的管理团队都能够随时待命，准备好立即投入并处理棘手难题。但是，你的工作并不总是高高在上。你必须随时做好准备，帮助公司解决具体问题，从而降低经营风险、提高投资回报，具体包括优化税收结构、收集和存储数据、做好会计和审计工作、完善采购流程、有效降低成本、实施员工医疗保健计划、强化网络安全和信息技术系统、提高能源利用效率、履行节能减排承诺、做好公共关系管理、加强政府部门沟通等。

你的身影无处不在，但越是这样，你越不能迷失了自我。在与每家控股公司的管理层协作时，你需要聚焦于能够增加利润的主要工作，以及控股公司商业规划当中可以为投资者和你本人创造价值的核心内容。你不能把自己作为投资者和名下基金所投资企业的最终决策者的角色，与每家控股公司管理团队的角色混为一谈。你可以通过董事会发挥作用，或者按照惯例深入管理工作，从而推动投资尽可能获得成功。

如何才能做到这一切呢？关键在于，你积累了庞大的数据。这些数据涉及所投资公司以及所放弃公司的收入和成本呈现怎样的变化趋势；客户、供应商、竞争对手等各方的行为模式；能够盈利的资本支出项目，以及能够产生协同效应的明智的并购投资项目；哪些行为可以改善经营管理，哪些则无济于事；顶级管理人才的名单和信息资料。

你可以通过多种方式收集这些信息，由此可以通过不同的视角分析这些数据。有时候，你控制的企业，是另外一个行业的供应商，你便可以了解有关客户的行为。有时候，你投资了同样一家机构客户之后，想起如何与供应商打交道——因为你曾经拥有这样一家企业。很多时候，你同时在价值链中扮演着不同的角色。由于投资扩张十分迅速，最终你可能会投资于同一个行业里的许多家企业，其中部分企业可能还会直接展开竞争。在这种情况下，具体的投资形式并不见得完全一致：你可以通过你管理的一只基金实施杠杆并购，从而直接控股一家企业，与此同时，通过你管理的另外一只基金，给这家企业的竞争对手提供部分债务资金从而参与其资本结构设计。这个领域投资相对少一些，其他领域投资多一些。

每笔投资的信息数据可能都不是公开的，你必须谨慎管理这些信息，以避免你的投资帝国出现利益冲突，你可以在各只基金之间设置严格的信息防火墙，以实现很好的监督。在组织的某些层级上，级别最高的一些人可能会凌驾于信息防火墙之上，他们可以驾驭这座数据金矿，这本身也是他们管理工作的一部分内容。他们的职责之一是，决定什么情况下对信息保密，什么情况下无须如此。对于这种职能分工和潜在的决策压力，他们已经习以为常。他们时不时会面临这种情况，每次都完成得不错，直到这些细微的决策流程，最终潜移默化地变成他们的第二天性。

多年来，投资者已经向你掌控的集团投入了数千亿美元，你每年会对数十个潜在项目进行调研。你的学习从未停止。这种化学反应孕育了无数创意的火花，根据所收集的数据，你越来越熟练地把其中各个节点联系起来。当然，你也十分注意信息来源的完整性，并严格遵守保密协议的相关约定。当所调研的目标项目最终未能落地时，你会按照交易对手的要求，把相关的文件资料和财务模型统统删掉。你也会谨慎处理来自竞争对手的数据资料，并组织严格的内部检查，处理有关合规和监管事宜。尽管物理资料可以删除，相关信息也能得到妥善处理，但是资料一旦成为记忆，就很难轻易遗忘。公司投资专家很擅长数据分析，但你不能像格式化硬盘一样，把他们的记忆完全抹除。每一次学习都是一次成长，而你无法将这些成长撤回。调研和开展投资活动这些工作都会让你积累宝贵的投资经验，既包括行业管理的专业经验，也包括与管理团队建立起宝贵的关系网络。你对宏观经济的认识程度也会显著提高。通过分析各个经济领域的运行状况，你会对经济运行的总体态势形成深入透彻的认知。你已经在不知不觉中建立起属于自己的竞争优势。

一旦建立起竞争优势，你前进的脚步将无可阻挡。你不会停滞不前，你将会继续投资于数据科学和机器学习等领域，充分发掘所收集的数据资源。面对良好的历史投资业绩，以及手头可以动用的巨额现金储备，一旦能把二者结合起来，你就会把竞争对手远远地甩在身后。

尽管在这个过程中会有意外情况，投资也会时不时地出现问题，但这种良性循环的态势已经形成。

上面我所介绍的情况，与大型私募股权公司的现实情况相差无几。每家机构的投资专家都能够接触众多信息，包括当前投资的项目信息，已经获利退出的公司状况，已经深入调研但尚未具体投资的业务状况，以及每笔投资涉及的相关高管的详细信息。与公司管理的资金量相比，能够接触到这些信息的交易团队规模是很小的。同时，随着每个项目的进行，他们可以不断地学习更多知识。

事实上，我们所讨论的不仅仅是数据资料，也包括情报信息。公司管理团队和相关的私募股权投资专家，会从每家控股公司那里收集关键业绩指标和经营信息。这些指标和信息就如同是围绕投资活动和交易生态系统安装的实时摄像头，涵盖了供应商、客户、竞争对手以及监管机构等方面。将这些信息填充到一笔投资的仪表盘上，再把这些仪表盘汇总在一起，私募股权公司就能明确目标企业的发展状况，甚至能够预测其未来发展趋势，也能分析其竞争对手及其投资领域的情况。这就如同是在你面前放了一台巨大的监视器，让你随时能够纵览经济动向，实时了解市场动态。

消费者情绪如何？投资于特定行业或者细分领域，面临怎样的市场环境？管理团队最担心的风险有哪些？对投资组合公司中的现任高管和前任高管就宏观形势进行问卷调查，他们的回答有助于揭示整个宏观经济各行业的变动趋势。我把这种数据智能称作私募股权公司的“图书馆”，这是一项十分强大的武器，目前已经开始引入自动化的元素。通过这套系统，可以按照季度快速生成供需数据，或者定期更新特定投资项目的进展及行业主要发展趋势。同时，基金规模越大，投资组合越广泛，相关数据就越丰富，趋势研判就越准确，投资竞争优势就越显著，投资业绩也就越好。

私募股权需要对一笔投资进行谨慎、细致的权衡，因此，投资过程中相关分析的严谨性就显得极为重要。知道自己该提问什么，与自己已经知道什么，二者的重要性可谓是不分上下。由律师和会计师组成的第三方咨询团队与基金交易团队通力合作，共同开展尽职调查，根据这些工作所获取的信息，可以设计出相应的财务模型，对投资的收益风险状况进行分析。无论是正式拍卖还是私下谈判，每个潜在投资标的通常都会有多家竞标者，在绝大多数情况下，每家竞标者所做工作的主要区别因素，就在于他们所掌握的有关目标公司所处行业的信息的质量，其中也包括对目标公司及其竞争对手的了解等。竞标者拿到的交易数据越准确，其成功可能性就越高。为了更加深入全面了解目标公司的发展前景，不论怎么放低身段、深度参与都不为过。你需要加深对投资对象的了解，在签发投资支票之前，必须从某种程度上变得像这家公司的内部人一样。这些工作涉及你自己的切实利益，如果不仔细谨慎的话，就可能（几乎必然）出现问题。为此，很有必要在这些方面加强控制和管理。

换句话说，竞购过程中让竞标者脱颖而出的关键因素之一，就是他们对这笔投资的了解程度，因为这会让他们拥有竞标的自信，坚信如果这家公司由自己支持的管理团队运营，才有可能会获得成功。因此，“图书馆”库存资料最丰富的机构，将是最有可能胜出的机构。这些机构长年累月通过其广泛的投资组合和投资活动持续观测、收集数据；它们总是将摄像机设置为“记录”模式。如同私募股权行业的几乎所有情况一样，这种情报处理过程，始终紧紧围绕推动这套系统运行的人。正是相关人员校正数据，有效评估获得的信息，最终推动投资获得成功。

—— * ——

“能够见到老朋友，真是让人高兴；结识新朋友，心情也是同样愉快。”

在曼哈顿举行的大基金公司投资者年会上，创始人发表了略带敷衍的开场白。现在已经是 2021 年。位于第五大道的五星级酒店四季酒店的豪华会议大厅里座无虚席，为期三天两夜的私人聚会让这家酒店的客房人满为患。参加这次会议的有大基金公司的合伙人、投资专家，以及大基金公司所投资企业的 CEO 和董事长等。这些被投资企业主要通过私募股权交易团队获得资金，但信贷投资、基础设施投资和房地产交易团队也都有所涉及。绝大多数客人都是从世界各地飞来专门参加这次活动。在大基金公司 40 年的历史中，行业高管的人数第一次超过了投资专家的人数，二者比例为 5∶1。这个比例也充分体现出大基金公司的业务触角之广、成长力度之大。如今大基金公司管理的基金规模更大、交易笔数更多、投资组合更多元、投资专家更齐全、投资情报更丰富。

接下来的50个小时，与会者参加会议，并尽情享用酒店厨师准备的工作餐，大基金公司审视当前投资所面临的宏观环境，评估公司相比于竞争对手的优势，并重温基金的投资业绩表现，包括它们最大规模的投资所涉及的各家公司的经营状况。投资集团主管用数据介绍情况并回答有关提问，与此同时，市场营销团队负责拍摄抓人眼球的片段，用于公司网站宣传和社交媒体传播。交易人员保持了公司投资与银行融资之间的良好互动，尤其是在市场面临动荡的情况下，他们能够确保在必要时及时获得银行杠杆融资的支持，为了奖励他们的出色工作，连久未露面的高级银行家也出现在会场。现场还有一些与公司保持良好关系的记者。除此之外，这基本上属于内部闭门会议。相关安保措施十分严格，酒店里四处都是身穿黑色西装，头戴耳机，面无表情的保安。酒店外面的人行道上，停满了熄火的轿车。

组织召开这次会议总共花了几百万美元。大基金公司海外办事处的投资专家都很激动，因为他们终于有机会来到纽约，与大基金公司总部的高管进行一对一的沟通交流。但是，相比于一次性召集这么多业界高管，这些花费根本不值一提。航空公司的头等舱或者私人飞机以及五星级酒店，这些待遇都属于标配。这些费用的一部分将由基金自身承担，这就意味着，这些成本的一部分出自投资者身上，而剩下的成本由大基金公司支付。但是，无论成本高低，会议分组讨论时头脑风暴所创造的价值，以及各个投资组合之间所建立起来的人脉，不论是对于后续开展新的投资，还是继续推动现有的交易，都将会产生深远而重要的影响。

当然，并不是所有高管都事先了解其他与会人员。有些投资刚刚启动，有些投资则已经持续了一段时间，即将退出。投资者都喜欢与各个经济领域的顶尖人士交流，听取他们对关键数据背后真实情况的分析判断，并深入考虑他们承诺认购大基金公司管理的基金产品，将最终产生怎样的影响，以及对其他私募股权机构名下的基金产品，将会造成怎样的冲击。相比于一年之中其他漫长的时光，在这短短几天时间里，他们更加容易高效达成投资决策和合作协议。

因此，这次年会既是一次大规模的社交活动，也是一次新基金募集的营销展示。这次会议之所以能够培育出独特的化学反应，是由于出席会议的代表阵容极为豪华，包括大基金公司创始人、全球最大的养老基金和大型机构投资者代表，以及全球顶级公司高管等。所有这些都与大基金公司紧密关联，从某种程度上来说都属于内部人，都依赖于或者促进了大基金公司所管理基金的投资业绩。这场盛会的惊人之处，不仅仅在于与会者的雄心壮志，还在于他们所交换的信息资料以及他们所掌控的数据网络的巨大威力——无论是在会议现场运用，还是会后发挥作用。对于每个行业、每家公司、每个对手以及每家业务伙伴，大基金公司都可以通过其社交矩阵的帮助，获取有关当前交易或未来交易的情报信息。

大基金公司创始人发表的讲话中，穿插着一些精心挑选的数据，他现场所引用的信息数据，与当时美国财政部发布的有关通胀率、失业率和经济增长的信息简报，可以交相印证。他把这些数据放在地缘政治的宏观背景下加以分析，并对一系列经济表现发表了个人看法。这不是一个可以模棱两可的场合，他表达的观点清晰、深刻而又细致。随着他的演讲临近尾声，后续演讲仍将持续，大基金公司真正要做的，是为接下来的投资沟通会做好准备，具体形式可以是在酒店现场组织的分组谈论会，也可以是未来几周之内的远程讨论会，一切工作都围绕如何为投资者及自身创造价值来展开。

整个会议过程中，最引人关注的年度市场热点，当数公司某支交易团队组织的一系列会议研讨活动。这支交易团队正在推动一个 20 亿美元交易规模的项目，具体目标是从全球最大的大学生教育教科书和研究论文出版集团手中剥离出科学出版业务版块。该公司所出版的内容，涉及核心科学课程教科书、学生练习册、考试练习题，以及核物理、气候变化、流行病学研究等领域的学术期刊。该业务的目标市场主要是北美和欧洲。目前，这项业务由北美集团（North American）全资控股，但其母公司急需现金以推动其在亚洲地区的业务扩张，整个市场也正处于蓬勃发展的上升态势。尽管科学出版业务的现金流充沛，但其增长速度较慢，而且被认为发展潜力有限。该出版集团属于上市机构，一段时间以来，华尔街银行家一直认为，科学出版业务虽然利润丰厚，但其对于集团价值的影响，即使不能说有所妨碍，也可以说拖了后腿。如果能够把这项业务出售出去，集团就可以重新定位，成为新兴市场高等教育领域的成长型企业，并可以迅速获得更高的估值。

问题卡在了信息披露上。根据财务报告准则，集团无须披露科学出版业务的盈利能力或者成本状况。华尔街银行家很难准确评估科学出版部门每个收入板块的利润情况。也许是为了避免学术界和大学对其牟取暴利的批评，该业务的公开数据资料十分有限，导致投资者很难对相关的现金流数据做出可靠估计。从具体投资操作的角度来看，如果没有这些一手数据，根本无法对科学出版业务的价值做出有效评估。但幸运的是，大基金公司这群私募股权投资专家，组建了一支拥有相关领域投资经验的高管团队，有可能成功解决这个难题，并推动这笔交易落地实施。

三年前，大基金公司通过私募股权基金投资于一系列营利性法律机构和金融学院机构，这些机构成功实现了在线教学，大幅降低了实体教材印刷成本，并为学生提供了更加灵活和便利的学习机会，帮助他们取得专业资格。现在，大基金公司预计将于两年内把这笔投资卖掉，而出售价格将是当初收购价格的两倍。六年前，大基金公司的信贷基金成功实施了另外一笔投资，顺利从一笔本垒打债务投资当中获利退出，这笔投资的目标机构，是一家专门为医疗从业者出版教科书和学术研究刊物的出版社，该出版社由于财务造假而暂时陷入困境。此外，创始人在大基金公司之外有一些个人投资，拥有一本畅销的商业经济类杂志，该杂志在全球各地拥有大量读者。在线学习、医学出版社以及专业杂志——所有目标投资机构的 7 名高管，在大基金公司年会的私人休息室里聚在了一起，共同组成了一支重量级的团队，帮助大基金公司对科学出版领域的这笔投资机会展开评估。

这些高管与大基金公司的交易团队共同组成了这笔交易的工作小组。交易团队介绍了潜在投资的总体情况，分析了卖家面临的形势，并简要介绍了相关数据以及有待解决的问题。他们已经掌握了科学出版业务每个板块的收入情况以及总的经营利润情况，这些表明了目标公司对集团总现金流做出的贡献。但是，交易团队还需要谨慎评估该业务的收入和现金流报表，分析其资产负债项目和营运资金明细，这一切都要建立在该板块独立运行的基础上，就好像是已经从母公司那里剥离出来一样。通过这一系列工作，交易团队才能最终判断，目标公司能否产生足够的现金流，偿还大基金公司打算在这笔杠杆并购中募集的高收益债券。交易团队还需要评估，其定价策略应当如何确定，才能创造盈利空间，同时可以削减哪些领域的成本。

他们是如何做到的呢？坐在休息室里的这 7 位高管，其出版行业的从业经验加起来已经超过了 200 年。他们结合曾经或者正在参与的投资经历，和大基金公司一起对相关数据进行分析研判，并将这些数据转换成大基金公司的情报信息。他们坐在这里，并不是作为咨询公司雇用的收取薪酬的咨询专家。他们就像是大基金公司运行轨道上的一颗颗闪亮的星星，属于公司流程的组成部分，就好像是他们需要亲身参与对目标公司的经营管理。他们以所有者的身份，抓住这个机会，从投资者的视角出发，努力为目标公司创造价值。他们不会置身事外，也不会任意发表不负责任的意见。他们紧紧围绕中心目标开展工作。利用自身的工作经验，与科学出版业务的联络人通上几轮电话，他们就能够围绕已知的信息提出初步建议，并有效确定那些仍然存在的未知因素和需要解决的问题。他们关注的重点是，那些可能出错的问题，那些可能提高利润的举措，如何通过数字转型创造最大利润，以及疫情期间最有效的投资方式。他们帮助制订好投资工作计划，指导做好下一步工作安排，梳理出尽职调查报告的框架，以便协助会计师、税务顾问和咨询顾问更好地开展工作。这些高管属于其他基金公司买不到也雇不到的人脉网中的一部分。

作为交易小组的后援，这些高管人员充当了大基金公司数据资料库的人工延伸网络，在项目推进的早期阶段，这显然是其他竞标者无法复制的竞争优势。他们能够动用自己的关系网，结合过往投资和当前投资的相关数据，帮助大基金公司评估目标机构的财务状况，判断其未来发展的潜在可能，具体包括对未来几年利润状况和现金流的预测等。这就意味着，他们可以帮助大基金公司构建起对科学出版业务粗略但现实的财务图景，展示其被私募股权基金并购之后的样子——即使他们还没有得到卖家提供的任何信息。这让交易团队能够主动出击，对相关资产进行评估。面对这种规模的投资目标，市场竞争将不可避免，但通过这种方式，无论后续资产出售流程如何安排，大基金公司即使不能说立于不败之地，也可以说将占据领先地位。大基金公司可以做到遥遥领先，在这种情况下，面对卖家所报出的底价，大基金公司可以很快判断其是否物有所值。大基金公司将有充足的时间，确定最终的竞价，这涉及众多关键信息，包括商业计划，并购融资安排，目标公司的管理团队、管理层和董事会需要引进的全新人才等。如果最终大基金公司决定退出，那就会向市场发出强烈信号，说明目标公司自身出现了严重问题。

专家团队组成的豪华阵容，增加了市场对此类投资的认同，这一切都是自然而然的事情。在教育行业等社会敏感领域，把相关资产出售给私募股权机构可能引发一场政治领域的灾难。金融家通常不以其在科学领域的洞察力而为人所称道。当投资交易人员与目标行业中最聪明、最出色的领导者切实开展合作的时候，即使是一家实力雄厚的大型私募股权公司，也需要提前做好准备，才能在投资退出时不引发那么多是非争议。当然，这些行业高管也会提前对未来隶属的公司进行充分了解，并愿意向公众展示它们的合作关系。同时，他们不会通过举借债务的方式实现套现离场。而且所有的操作都一定符合法律要求，相关措施保持公开透明。对正在考虑将一项业务复杂、剥离流程十分漫长的资产出售给私募股权机构的卖家来说，如果知道有一个支持团队围绕着买家并给予其指导，自己可能也会感到安心。

这种光环效应不仅会影响卖家，还会影响到工会、大学和政府管理人员等对手方，最终也会影响到学生们的利益。如果与私募股权基金进行交易之后，教科书和研究期刊的价格出现上涨，那么围绕这个社会敏感行业的生态系统就会理直气壮地提出是什么因素导致了价格上涨：到底是追求利润还是产品投资？到底是提升了教科书作者的工资，还是向私募股权公司的亿万富翁、千万富翁以及依靠其投资收益的养老基金发放了巨额股息？或者二者兼而有之？那些受人尊敬的行业专家不吝于自己的时间、精力和名声，使得私募股权机构能够更好地做投资准备，更精确地做市场定位。

除了广泛联络，交易团队还可以借助数据资料库的帮助，验证自身的投资思路。有些高管曾经参与过多笔并购或业务拆分，积累了充足的经验，并掌握了大量能够决定一笔新投资成败的关键信息。在他们的职业生涯中，经历过多笔教育或出版领域的投资洗礼，访问过大量虚拟和物理数据库。如今，他们所做的工作，就是根据尽职调查过程中可能出现的情况，确定大基金公司投资的总体框架安排。

会议结束一个月之后，集体智慧孕育形成的信息优势，让公司拥有了一段独占签约期。对于大基金公司交易团队的实力、全明星阵容以及对目标企业调查的准确性和速度等，卖家受到很深的触动。大基金公司看起来就好像是一只飞虫，在墙上默默注视了目标公司好多年。投资合伙人所提交的初步投资意向显示，科学出版业务的基本经营数据，没有超出他们估计的真实情况，他们所提议的报价，也已经为股权易手之后的价值创造预留了充分的空间。当然，同时也有其他的竞标者参与进来，没有一个比大基金公司更接近甜蜜点——在一个社会敏感领域，作为一项重要资产的新托管人，既要可信，又要创造有吸引力的价值回报。大基金公司脱颖而出，成为最终的赢家。

目前，科学出版业务还不是一个独立实体，因此相关各方一致同意，在签署合同和完成交易之间设置一个较长的空窗过渡期，从而可以平稳、系统地把这项业务剥离出来，并推动其成为一家独立、健康的市场机构。投资协议宣布之后，媒体最初的热度逐渐消退，对双方而言，这笔交易似乎已经进入平庸乏味的阶段。但正是在这段市场热度低迷的时间里，人才数据库、信息数据库在大基金公司手中得到最为充分的挖掘和运用。现在，数据资料库将为交易团队提供更进一步的竞争优势，让大基金公司及其投资者赚取最丰厚的利润。

卖家所没有想到的是，签署投资合作协议与资产剥离完成的这段时间，正是私募股权公司最希望争取的时间，他们将借此进一步对具体项目讨价还价。协议签署之后，身为卖家的部分高管从某种程度上来说退居幕后，留下副手参与一些具体工作，比如说从母公司剥离目标资产时，确定精准的交易数据，针对科学出版业务当前所依靠的母公司服务，确定过渡期和成本数据等。信息科技系统、会计和税务系统、客户数据、供应商信息、资本支出、监管沟通等，这些对于一家独立运营的公司至关重要。相比之下，这些都是大基金公司交易团队关注的重点。他们对剥离资产的每个细节进行分析，具体包括交易结束时，将分配给目标公司多少运营资本和现金资产等。他们对过渡合同和拆分协议的每个重要条款都进行反复争取。交易团队知道，这些涉及该笔投资真正的价格，也涉及大基金公司在看起来对卖家更有利的合同价格和最终支付的实际价格之间，能不能再为自己争取一些利益。对这笔投资而言，最终确定的成交价格，从当前合理的估值水平上又降低了 10%，大基金公司再次争取到了精明的折扣。

在这种全方位的雷达监测数据之下，大基金公司的数据库为其提供了双重防护支持。在它的情报支持下，大基金公司能够轻松击败竞争对手，并在与卖家的谈判中占据先机。数据资料库、交易团队、高管人员像是共同给私募股权基金打出一记本垒打，他们通力合作，从科学出版业务当中争取利益，尽可能提高价格、提升投资利润、扩张产品条线、降低运营成本，让这笔投资获得丰厚回报。在这个组合团队的各项要素当中，数据资料库属于最重要的组成内容。

这笔交易并非个别案例——随着私募股权机构规模的扩张，其数据库容量也在不断增加，分析内容也在不断深化，数据涵盖几乎所有经济领域的并购交易、资产剥离投资、债务投资等。这一切都意味着，随着私募股权的规模越来越大，投资专家所收集的情报信息在为私募股权机构构建起投资优势的专业护城河方面，发挥了越来越重要的作用。

—— * ——

在本章当中，我们开始看到，私募股权投资的模式在宏观层面是如何运作的。按照以下模式投资的公司，已经构成了良性的投资循环：收集情报，开展投资，然后募集更多资金，开展更多投资，再回到情报收集上来。在这个循环当中，情报信息属于最关键的内容。当然，市场上也有很多其他行业，针对特定项目也会组织专家提供协助，但私募股权行业并不一样，二者的差异，既体现在这种投资模式的规模上，也体现在投资的具体内容上。

对私募股权基金的投资者来说，这显然是个好事——为他们创造投资收益的投资专家，对于各类信息都十分了解，并且在短短几个月之内，就能通过深入分析研判，敲定一笔高达数十亿美元的投资。也可以这样想：无论通过什么方式，投资总是需要获利退出，这就使得在做出投资决策的时候，对相关信息的质量水平和系统程度提出了更高的要求。在做每一笔投资的时候，私募股权公司都要参考此前积累的投资经验——它们与其投资者一样，都在做长期投资。数据资料库每天都会得到进一步的更新和完善。

下一章，我们将看一看负责管理私募股权基金的投资委员会。我们将会见证他们围绕一笔复杂交易的辩论，在这笔交易中，私募股权机构逐渐争取主动，为投资最终获得成功创造有利条件——当然这也离不开数据资料库的帮助。我们将会看到，高居行业生态顶层的私募股权投资专家，如何积极参与投资流程管理，并通过细致的一步步投资安排，全面系统地提升其投资的成功概率。

第十二章

兵不厌诈　事贵应机

“我对公平竞争毫无兴趣。”

在每周定期召开的投资委员会会议上，大基金公司创始人一开始的发言，就给整个会议定下了讨论的基调。他的发言直截了当、通俗易懂，但对那些心思不那么缜密的听众来说，这些话听起来就好像是暗语一样。他并不是在讨论作弊。他所讨论的是大基金公司胜人一筹的投资管理流程，是对潜在投资的具体分析和操作方式。他所表达的意思是，只有当投资成功的概率比较高，并且有利于公司的发展时相关投资建议才能得到投资委员会的批准。在把投资方案拿到投资委员会讨论的时候，必须确保投资创意已经得到充分论证，这样一旦批准落实，就很可能获得成功而不会失败搁浅。交易团队必须保持客观冷静，避免自我设限，对面临的重大风险和潜在机会进行审慎评估，即使不能解决问题，也要做好研判分析和应对预案。在这个过程中，必须避免出现任何漏洞。即使项目最初的结构设计不完整，交易团队也必须通过不断努力，对其加以改进和完善。创始人希望，到投资委员会讨论的时候，牌已经洗好，整齐地摆在与会者面前，足以引起后者研究讨论的兴趣。创始人认为交易团队已经充分利用数据资料库，他对平庸的投资想法没有耐心，因为这样的想法如果成功获批就仿佛在俄罗斯轮盘赌的赌局上。

如果投资专家已经做好了功课，相关提议得到了充分论证，那么最终提交给投资委员会讨论而未获批的投资，其数量将会比较有限。必须将竞标出局、投资失败的相关成本控制在最低水平，大基金公司只会把注意力投放在那些能够实实在在创造价值、给公司带来回报的投资上。

大基金公司创始人有这样的要求是对的，完全能够得到与会者的理解和认同。大基金公司会向交易团队支付薪酬，由他们对投资进行审核，并选择靠谱的项目实施具体投资，然后把这些项目落实到位。大基金公司已经积累了40年的投资经验，投资项目高达100个，其中90个投资业绩良好——其中有的已经获利退出，有的准备在几年之内获利退出，这些项目的投资收益足够弥补其所承担的风险。剩余的10个投资项目，有的属于投资失误，投资者因此一无所获，有的是投资前景不容乐观，但目前还无法断言最终的投资结果。

最理想的结果就是，至少实现90%的投资成功率，在某些年份，大基金公司的实际投资表现甚至还要更好一些。90%的投资成功率，与公司收取的“2+20”的费用是相称的，也与私募股权投资专家索取的高额费用相称。如果投资成功率最高仅能达到

50%，那么你就没法跻身行业顶流。如果你提议的投资方案最终未能实现，那应该是因为卖方退出了——可能是出于非理性的考虑——这表明，他们可能会在以后回来出售自己，或者是由于另外的买家站了出来，支付了更高的资产报价，而你的投资分析无法支持这样的报价。除了这些例外情况，你所提议的投资方案，应当从估值、效率、经验和联络等角度展开全方位的分析，这些前期扎实的分析工作，足以保证你的投资提案最终获得成功。

这些投资业绩的取得，离不开大基金公司独特的投资流程，尽管这些流程设计看上去有点不近人情。投资专家需要结合项目的风险收益情况，评估每笔投资的可能结果，并呈现给投资委员会参考。对于每个投资项目的核心要素要进行细致分解，具体的分析角度，既要涵盖如何在既定风险下将收益最大化，也要涵盖必须采取的措施，将理论图景转化为具体现实，将发展潜力转换为实际动能。这就意味着，要问一些棘手的问题，把投资项目分解细化。这也意味着，投资专家需要像法医一样，把每个投资创意拆分成一系列关键的假设条件，这些假设必须具备足够的数据支撑，也必须制定具体的实施方案，将各项提议落到实处。交易团队将充分研究投资项目中的弱点和不足，确定哪些问题可以通过尽职调查加以核实，哪些问题需要通过交易条款设计加以解决。在一笔投资当中，有些问题可以通过强化治理职权加以解决，其他问题可能需要通过调整投资结构加以解决，比如说，为了达成更好的交易安排，需要调整并购资产或者融资的范围等。

在大基金公司今天召开的投资委员会会议上，与会人员正在讨论两个截然不同的投资机会：这两笔投资的行业不同、区域不同、风险回报也不相同——但是大基金公司针对这两个投资目标的处理方式却比较类似。在三个小时的时间里，投资委员会持续提出尖锐的问题，透彻分析这两笔交易最核心的内容——同时也是为了真正对投资者投入的资金负起责任。现在让我们把自己置身于会议室，看看数十亿美元的投资是如何运转流动的。

—— * ——

“我们并没有把他扫地出门。我们只是要占据主动。”

该项目被称作“鲁比克项目”（Project Rubik），情况十分复杂混乱，会议刚刚开场，负责这个投资项目的合伙人就在投资委员会面前坦然承认，该项目可能引发负面舆情。他正在向大家阐明，如何从公司内部视角和市场外部视角来看待这笔投资。是的，情况确实十分棘手：卖家目前摇摇欲坠、充满争议，其实控人是亚洲某个丑闻缠身的实业家族，但就这笔投资本身来说，它是一个健康、理想的资产。实际上，大基金公司完全有可能收拾好这个残局，并且也被看作全球有能力处理这种情况的少数几个潜在买家之一。最终，这笔交易在精明的买家手里就会成为一桩令人称道的划算交易。

卖家是猛禽工业有限公司，作为一家总部坐落在亚洲的私营企业集团，目前全球市场的移动通信、石油开采和提炼、企业银行等业务领域都有这家公司的身影。如今其业务已经三去其二，电信业务部门被以高价卖给了美国的竞争对手，而金融服务部门由于监管部门正在对其开展税务和财务调查，不得不暂时关闭。由于坚信自己具备点石成金的神奇能力，集团创始人家族收到出售电信业务得来的40亿美元之后，很快将其投入从基础设施到私人航空等众多业务领域，随后迎来了一系列令人印象深刻的失败。正是由于这些投资失败，以及随之而来的巨额债务，整个集团如今持续笼罩在一片乌云当中，他们迫切需要现金流的注入，才能支付债务利息、员工工资和供货商欠款。这家一度曾经无比强大的企业集团，如今只剩下能源业务板块还在盈利，除此之外，还有这些被摆上货架的问题资产。正是这些情况的存在，引起了私募股权机构的关注。

随着集团陷入困境，如今该家族的净资产已经大幅缩水，不及其此前峰值的1/5。集团正拼命从各个渠道筹集资金，大肆通过杠杆举债，并把绝大多数资产都抵押出去——同时也包括个人担保借款等方式，这跟普通人举债时的做法没什么两样。如今，贷款银行已经督促该家族将优质资产摆上货架，以此作为集团去杠杆化计划的一部分。该集团已经将上东区的五层联排别墅、湾流私人飞机，以及停泊在法国南海岸的百尺游艇等资产都卖了出去。但是，即使考虑到这些资产处置带来了一定的收益，集团的绝大多数债务依然悬而未决。贷款银行聘请了华尔街机构，分析如何处理这家摇摇欲坠的商业帝国持有的抵押品：深水油田、储油罐和运油管道，以及一家加工无铅汽油和生物乙醇的炼油厂。当然，如果这些资产能够迅速变现，那么就可以获得大量现金流，拿来偿还即将到期的债务。

猛禽工业有限公司的能源类资产规模巨大，只有那些体量最为庞大、实力最为雄厚的买家才能接手。但是，面对绿色低碳的宏观环保要求，这些资产的规模相对而言又没有那么突出，其长期发展前景不容乐观。石油巨头宁愿眼睁睁看着这家公司的能源板块最终在该家族手中逐渐消亡，也不愿意拿股东的资金去收购这项可能引起反垄断机构关注的业务。当华尔街银行家主动联系的时候，它们都表现出兴趣不大的样子，只想看看有没有不怕死的其他竞标者站出来接手这个烂摊子。

具有讽刺意味的是，在该家族的所有产业中，能源板块却属于十分健康、运行良好的业务。20 年来，这项业务在工业领域被市场广为认可，因此该家族绝不会轻易放弃。面对贷款银行希望将该能源板块出售给私募股权机构的提议，该家族断然表示拒绝；而与此同时，贷款银行已经聘请华尔街机构，由后者与大型私募股权机构沟通，探讨业务并购的相关事宜，对此家族也感到十分不安。它们迫切希望把这项优质资产掌握在自己手中。

但是，随着交易陷入僵局，家族一位高级成员站了出来，他主动联系了大基金公司在鲁比克项目上的交易合伙人——正是他买下了该家族位于曼哈顿的赤褐色石屋建筑，并承诺绝对不向媒体透露，自己在这笔 465 平方米的优质房地产投资中获得了多大的优惠力度。

华尔街的那帮人不知道，投资合伙人和他的团队已经获得了一项优势：过去三周里，该家族已经私下向他们介绍了有关猛禽工业有限公司财务状况的每项细节，并在远离曼哈顿中城的摩天大厦被大基金公司称为老巢的一个普通办公场所进行了面对面沟通。该家族知道，大基金公司不喜欢通过公开拍卖方式参与能源业务板块的投资当中，因为那样的话，获胜者只能是出价最高的人，而大基金公司也清楚，该家族不能自主决定（或者希望）以低于市场基准的价格来敲定这笔交易。交易团队如果想成功，包括说动债权人公平对待该集团的偿债请求，那么就必须采取与众不同的运作方式。

在与该家族进行了一系列头脑风暴之后，鲁比克项目的投资合伙人提出了相应的投资建议，这也就是目前他正在提议投资委员会审批的这个创意。该能源业务板块急需资金来实现业务扩张，以便并购规模较小的机构，把自己做大之后，引起石油巨头的兴趣，或者通过资本市场实施上市操作，在时机合适的时候顺利退出。就目前而言，该业务板块必须保持完整，避免受到集团层面债务问题的打扰，并立足自身优势，谋求更大发展。该合伙人提出收购计划，在与管理团队商定的业务计划中，预留额外的资金用于支持扩张。对目标公司的收购价为 20 亿美元，另外投资 5 亿美元，用于对规模较小的同业机构实施嵌入式并购，以及增强目标公司内生发展动力的行动计划，比如说建立新的存储设施、深入勘探的预算费用，以及优化炼油设施以提高产出效能等。这个购买价比较合理，不高不低；简而言之，买家没有占什么便宜，而在竞争性拍卖过程中，很可能会出现一方得利、一方受损的情况。

但是，真正让大基金公司胜券在握的，是交易团队的信贷问题解决方案。投资合伙人建议，大基金公司通过信贷基金向借款银行提供私募债务融资方案，以便为这些银行所持有的各类问题债务提供再融资接续，承接价格为这些债务资产面值的九折。大基金公司的信贷基金将完全绕过银行间市场，通过所谓的“混合利率债”（unitranche debt）[①] 单一伞形融资工具，直接向集团提供借款。这种全新的债务工具，将总额25亿美元的优先债和次级债组合起来成为一笔债务。各家银行需要做的，就是接受债务部分打折，注销其所持债权的10%，随后数周之内就能收回贷款。把能源业务部门卖给大基金公司管理的私募股权基金之后，这些银行还能获得全部收益。也就是说，私募股权不仅拯救了这个家族，还从某种程度上把相关银行拉出了泥潭。银行所持有这种大规模的问题债务，不仅追讨成本高昂，诉讼旷日持久，而且会导致与债务方关系破裂。在这种情况下，大基金公司主动站了出来，牵头理顺混乱局面，收购优质资产，让银行几乎全身而退，不仅能够拿走利息，而且能够收取本金并迅速退出。通过这种混合利率债的融资安排，大基金公司实质上充当了贷款人的角色，它不仅具有相关的专业知识，而且在出现情况时可能不介意直接对借款人实施接管，比如集团无法按期偿还债务，或者违反了与信贷基金的契约条款。既然是与大基金公司签署的合作协议，那么这些条款规定自然都十分严格。

---

① 这是一种混合贷款结构，将有担保和无担保的债务组合成具有单一利率的债务，其利率通常介于有担保债务和无担保债务要求的利率之间，在清偿优先顺序上介于高级债务和次级债务之间。——译者注

这个计划可谓大胆新颖又综合全面。对于从未见过如此激进提议的借款银行来说，这个计划极具吸引力。在它们面前的是这样一个买家，它提出的全方位方案能够解决猛禽工业有限公司的问题，而它本身又是众多借款银行现有的大客户，手头握有充足的投资弹药，历史上就以快速高效的执行效率而闻名。集团家族的支持也是这个解决方案的一部分，通过绕过华尔街银行，直接敲定这笔投资，贷款银行可以省下的再融资费用和咨询费用，加起来大约有 1 亿美元。相比之下，大基金公司为了组织这次投资而一次性收取的 1 000 万美元，简直可以忽略不计。对银行来说，解除剩余的质押和个人担保似乎是直截了当的选择。因此，比较务实的做法，应当是接受这个方案，并继续往前看。

对家族而言，这笔交易让他们获得了喘息的空间，可以从自己投资的企业中获得收益，而不是经过一番激烈的挣扎之后，最终无奈地放手离开。反正他们总是得把能源业务板块出售出去，既然这样，与其卖给一个可能再也不会见到的未知买家，还不如卖给已经是新债权人的私募股权基金的附属机构。作为这笔交易的甜头，他们还大大方方地接受了能源业务板块 5% 的股份，作为交换，他们与大基金公司签署了为期 5 年的咨询服务协议，帮助大基金公司管理这项业务。他们因此成为能源业务板块的董事会专家成员。如今，他们也成为大基金公司人才和数据资料库的一部分。

当然，正如同这个项目的名字“鲁比克”（魔方教父），针对这笔投资，大基金公司的投资策略可不仅仅是通过一个步骤就能取得胜利。投资委员会知道，合伙人的提议仅仅是一系列行动的开始。一旦发令枪打响，公司需要拉动多个杠杆，操作多个旋钮，利用多种途径来创造价值。

对能源业务板块而言，在经历了数年的收入增长和成本压降之后，其资产可以打包成几个整齐的大类，分别卖给不同的投资者：上游的资产卖给那些愿意承担风险的投资者，他们可以继续挖掘存量油田、开发现有的油井；储油设备和石油管道等可以卖给基础设施投资者，他们愿意接受这类实物资产，寻求长期业务收入、客户稳定的远期订单以及可预测的未来资本支出；炼油设备，则卖给专业的能源类投资者，他们熟悉炼油行业利润的周期性波动，对其运营资本需求了如指掌。

这类资产的竞标者当中，也可能包括大基金公司内部的其他交易团队。举例来说，经过投资者特别许可之后，大基金公司的基础设施投资基金完全可以并购相关的储油设备和管道设施。这种情况此前已有先例，未来也一定会继续发生。在同一家公司内部管理的基金网络当中开展资产交易，甚至可能会成为这类复杂交易“新常态”——当然，这一切都需要有投资者的监督。

合伙人把这些情况提供给投资委员会审阅。随后交易团队分析了涉及这笔投资的其他一些细节信息，包括财务回报，尽职调查风险及可能采取的应对措施，目标公司的管理团队及董事会候选人信息等。在向投资委员会介绍本次投资机会的最后，合伙人以一句半开玩笑的话，总结了他建议大基金公司采用这种整体投资思路的逻辑：“相信我。好东西绝不会被浪费一丝一毫。”

听到这句话，他的同事们会心一笑，随后就开始了交叉盘问。

在掌握了相关材料之后，团队已经准备好了一系列问题，围绕行业、业务、管理、财务、交易对手以及获利退出路径的选择等方面进行盘问。这个流程——也可以称之为审问——不适合那些胆小的人。

为什么需要保留这些资产？影响供给、需求和市场竞争的因素有哪些？支撑当前石油价格的因素有哪些？投资回报的可能范围是什么？为什么预计炼油利润将上涨？最佳库存点位在哪里？第二年为什么现金流将大幅增加？我们为什么要继续支持当前这位 CEO？我们如何才能更高效地融资以支持营运资本支出？如何对炼油设备进行改造，以提高毛利润？如何才能有效改善公司的运营成本？对于我们模拟的盈利峰值和低谷有多大信心？我们要提拔哪些高管，原因何在？会出现严重的罢工事件吗？谁将成为这些资产的最终接盘者，接盘的价格范围是什么？有备选方案吗，如果我们被迫持有这项资产的时间超过了此前的计划，会出现什么情况？我们能不能收到现金红利？减持债务方面有什么安排吗？面对经济衰退或者疫情冲击，是否制定了应对预案？

回答这些预料之内的问题，以及讨论那些预料之外的提问，需要花两个小时的时间。会议室的桌子上摆放了厚厚一叠打印的 Excel 表格，其中包含了对大多数问题的相关支持分析。这些材料都是双钉装订，提示便条到处都是，着重提醒与会者需要关注的重要数据和分析结论，每份材料很快就派上用场。每个人都积极参与讨论当中。每个问题都是为了测试交易团队的判断力。投资委员会注意到，相关材料还缺乏政府部门的支持内容，对工会的分析，监管干预的可能性分析，以及私募股权行业竞争对手的反应等内容。华尔街投资银行、管理咨询顾问、行业经营顾问的观点也被纳入考虑范围。如果投资方案或者商业计划中存在重大失误，那么通过这种讨论就可以被揭示出来。交易团队将第一个站出来承认这一点。他们希望能够获得全方位的制衡和质疑，而不愿看到投资委员会最终无可奈何的同意和批复。如果投资后期出现问题，每个人都会受到影响。

最终，所有与会者都达成了共识。相关合同条款做了调整修改，投资策略被进一步完善，投资委员会和公司创始人亮起了绿灯。这是一起令人无比激动同时又精疲力竭，堪称业界标杆的投资案例。至少长达 5 年的投资旅程由此正式启动。

这个项目的推进，充分展示出大基金公司的强大能力，公司创始人对此也十分认可。当然，未来可能也会有一些调整，甚至是实质性改变，但总体而言，这是创始人长期以来一直设想的大手笔系统解决方案。多只不同的基金，尽管需求不同，但目标却一致——寻找规模庞大、有吸引力的投资标的，其中，大基金公司的行业认知、庞大的基金规模、严谨的分析能力以及跨市场的广泛联系，将发挥关键作用。把私募股权基金和信贷基金加在一起，大基金公司总计准备投入 50 亿美元。梦想着有机会参与且有能力实现这一目标的机构，纵观全球也不超过 10 家。

—— * ——

创始人挥手示意，让大家简单休息一下，换个讨论话题，并要求人力资源团队简要介绍一下，有关生物多样性、气候变化、社区影响等方面的进展。在过去6个月时间里，公司已经围绕这些话题发布了6份新闻通稿。这是一年前数量的两倍，是5年前数量的6倍。

大基金公司正在不断发展壮大，如今已经成为一家管理多项投资策略，投资者委托资产数千亿美元，自身价值达数十亿美元的上市公司。公司向社会的回馈方式也有很多：给当地社区大学提供教育捐助，实施就业和教育领域的平权行动计划，为员工提供居家办公设备，计划在投资组合公司中雇用退伍军人，翻新当地公园和社区体育设施，开展“龙穴”（Dragon’s Den）创意竞赛，让最年轻、最稚嫩的员工大显身手。这一切，与华尔街通常对私募股权行业的传统认知相去甚远。实际上，大基金公司的形象，更接近于经济领域负责任的支撑力量，是实体经济平稳运行的重要基石。

随后，一位合伙人查阅了大基金公司所参与的合伙企业和少数股权投资的情况，这些投资通常不在基金的传统活动范围内，具体包括区块链科技初创公司、金融科技、社会住房、风力涡轮机、学生贷款和新型药物等领域。大基金公司的业务资质足够强大，可以在任何经济领域达成交易，而这些都是公司可以深入探究的业务领域。

这位合伙人继续回顾了公司开展这些投资之后所争取的各类媒体报道。一些高级合伙人更加频繁地出现在电视媒体上，他们参加了更多的论坛，发表了更多的公开演讲。大基金公司和它的竞争对手一样，由于媒体的持续曝光，正在迈着缓慢而坚定的步伐，作为经济领域的重要参与者走上社会舞台，并承担起越来越多的公共责任。创始人也接受了这种变通的做法，包括使用社交媒体等，因为这会让公司看起来更加接地气。这意味着，社会会更关注到大基金公司投资领域的成功业绩，以及公司的健康发展和业务成长，而不是媒体通常关注的那些更加敏感的话题，比如说过高的薪酬、过低的税负。通过与媒体积极接触，公司主动讲述着一个积极向上的励志故事。这与公司曾经完全避免被媒体曝光，试图营造一种神秘氛围的做法大相径庭。

这段插曲过后，投资委员会的注意力重新被拉回来，开始讨论会议议程上的第二笔投资。这个项目被排在后面，主要是因为合伙人已经提前浏览了交易团队发来的资料，并且认为它将是两笔投资当中较快达成一致决议的项目。投资合伙人简明扼要地介绍了相关情况，以数据为支撑，简要分析了这笔投资的回报和面临的投资风险，随后就进入了自由提问环节。他可以猜到，接下来大家的对话将走向何方，因此并没有要求得到投资委员会具体的批准。与此相反，他提出了一个公司可以采取的投资方向，并邀请同事一起参与探讨。

公司创始人以一句发问开始了讨论："我们是否已经将笔锋风险考虑在内？"他想表达的意思是，政府监管可能会发生变化——大笔一挥，就会彻底改变这笔投资的相关指标和回报预期。

投资目标是生命守护公司（Lifetrust Corp），这是西欧最大的疗养院运营机构。一位印度移民企业家，因为关注到在自己的社区当中，照护老人的传统模式正在快速发生变化，于是在 1980 年创立了这家公司，并在欧洲 5 个主要经济体的市场上占据了主导地位，同时在南欧和东欧的另外5个市场站稳了脚跟。这家公司的服务收费昂贵，但服务标准很高，而且极为关注服务安全。生命守护公司下一步要想继续发展，需要3亿美元的资金支持，在华尔街银行的帮助下，它签署了一项投资协议，同意以溢价估值接受亚洲大型私募股权基金的注资。市场人士都知道，只要是这只基金认同的资产，无论是多高的报价它都会支付，但有时似乎会出于这样或那样的原因，导致投资结果不够理想。在新冠疫情暴发之前，这只基金的投资刚刚完成。

这笔投资的问题在于，生命守护公司的现金流收入高度依赖于政府补贴，面对生命守护公司提供的高价护理服务，只有通过补贴，家庭才能负担得起高额的服务费用。该公司已经习惯了在每个市场上获得慷慨的政府补贴，作为家庭客户支付费用的补充收入来源。该公司对于这种收入依赖感到心安理得，因为相比于由政府建立和运营公共基础设施来照顾老年人或者其他需要专业护理的人群，把纳税人的资金用于补贴私营服务机构，要便宜不少。生命守护公司没有发生任何丑闻，相关设施运转良好，公司员工真正关心患者，把他们看作客户的同时，也把守护他们看作自己的责任。只要政府补贴能够持续，那么这套运行体系就能够保持稳定，对家庭、政府和公司来说，这属于一种多赢的局面。

但是，这只亚洲基金如今意识到，由于新冠疫情，政府补贴的水平无法与护理成本保持同步增长，照护脆弱并依靠健康护理的患者的成本飙升，导致补贴与费用之间的缺口正在不断扩大。政府部门财政紧张，尽管相关补贴不太可能下降，但该公司所面临的成本通胀压力正在一步步侵蚀其经营利润。事实上，生命守护公司由私募股权控股，这本身可能成为一个问题，因为政府不愿意拿出财政资金，为一笔私募股权基金的投资提供补助。提高价格也不可行，因为家庭客户的负担能力已经达到极限。如今护理人手也极端短缺，成本压缩的空间已经很小，除非降低服务质量。该笔投资的预期投资回报率开始走低，投资回报就像是公共事业领域的投资一样，只有之前投资预期水平的一半。

此外，情况还有可能进一步恶化。政界有传言称，将对价格实施管制，或者至少会强制提高对此类产业的最低投资门槛。公共政策的导向，是对该行业施加更为严格的监管，制定相关经济领域的指导原则，或者更进一步，直接实施管制。这种情况将给投资带来很多的不确定性。

正是在这种情况下，在新冠疫情暴发一年之后，这只亚洲基金与大基金公司联系，提出向后者出售其持有的该公司一半的股份。他们希望，作为在健康护理领域积累了丰富经验的私募股权巨头，大基金公司可以提供新的投资创意，推动创造价值，同时其在政府和监管部门中的人脉，可能有助于解决当前这种困难局面，或者至少能够拿出一些措施，争取政府进一步的支持。生命守护公司账面上的并购债务包括这只亚洲基金所在地银行持有的私人贷款，这类资产不太可能打折转卖或者再融资。大基金公司无法从信贷管理的角度考虑这笔资产处置。护理院的地产也是如此，这些土地都是租来的，因此大基金公司无法从产权交易的角度考虑处置，比如说售后回租交易等。这笔投资清晰而明确：以低于亚洲基金估值的价格，购买一半的股份，协助化解风险，否则放弃。大基金公司将拥有一半的董事会席位，可以对经营管理施加一半的影响力。控制权五五均分。大基金公司可以借助此前积累的医疗产业投资经验，改善当前不利局面，让双方都能实现更好的投资退出，但可能要比亚洲基金最初预期的期限长一些。

创始人的问题直指核心，其重要性远远高于交易价格本身。即使估值低于亚洲基金此前支付的价格，这笔投资成功与否，依然取决于一系列风险因素的变化，尽管大基金公司可以根据不同情景将这些风险因素建模，但概率无法准确预估。大基金公司不会赌哪种情况是正确的，也不会把各种结果都混在一起，它对没有底线约束的赌博式投资毫无兴趣。诚然，其他私募股权机构可能持不同的看法——比如其他优秀的公司，面对此类情形可以成功应对的机构——但是对大基金公司创始人及其领导的行业巨头来说，这种情况面临太多的未知因素。

合伙人提出了明智的建议，那就是大基金公司进行更加深入的接触，确认相关财务数据，持续保持关注，合伙人心里知道，目前这就是最好的应对之道。正确的做法，可能就是认真学习，然后如果目标公司出现问题，大基金公司可以回来，重新分析潜在投资的可能性。也有可能，这个项目最终不了了之，只是让公司积累了经验，为未来某个时候继续在这个领域或者类似行业进行投资奠定基础。

就目前而言，公司还看不到改变局势、创造价值、占据先机的机会。因此，正确的应对就是，专注于前景更被看好的投资，即使这类投资可能更加复杂。每一美元都承担着机会成本，相对于充满不确定性的未来来说，公司要承担的风险太高了。他们同意，两周之后再分析生命守护公司的投资。

随着投资委员会会议接近尾声，一位合伙人反思到，近期公司似乎每个月都在进行一项交易，投资业务扩张的速度，甚至超过了规模最大、资金最充沛的专门从事并购业务的上市公司。每年，公司都要配置和募集数十亿美元的资金，有些年份甚至达到了数百亿美元。看起来就要实现管理资产过万亿美元的宏伟目标了。公司创始人看着他的合伙人，微笑着警告他们不要得意忘形，必须保持初心。

"对于达到一万亿美元，我根本就不担心。我们还是得聚焦手头的工作，业务增长、规模扩张那都是水到渠成的事情。如果说有什么事情让我无法忍受，那就是过度贪婪。"

—— * ——

此前章节已经介绍过各项投资原则和各类投资情况，包括对成功的极度渴求、强大的数据资料库支撑等，下一章，我们将会探讨私募股权会对一笔投资产生怎样的影响。我们将通过分析未来某天很有可能会出现的情况，来展示私募股权公司所蕴含的巨大能量。这个情景是基于真实的案例，但进行了放大处理。在这个情景中，私募股权公司将分析视角转向了自己的竞争对手。私募股权的目标，并不是某一家公司或某一笔贷款，而是一家陷入困境的竞争对手。

第十三章

累积胜势　勇追穷寇

“他们已经转不动了。”

大基金公司投资委员会的一位合伙人，在评价一家竞争对手时，使用了上面这几个略显刻薄的词汇。在曼哈顿东 57 街四季酒店召开的大会上，麦迪逊坚石公司（Madison Stone）成立了，也正是在同一年，大基金公司创始人从华尔街一家顶级投资银行辞职，创立了大基金公司。不过，与大基金公司不一样的是，麦迪逊坚石公司虽然在过去 30 年里也大获成功，但是看起来依然与之前没有什么本质的变化。这家公司只开展杠杆并购业务，海外市场少有涉及，且主要依靠美国养老基金的资金注入，募资渠道相对有限。其创始人看起来就好像是 20 世纪 90 年代华尔街电影里面的角色一样。尽管这家公司真心希望自己的团队能够多元化，但其合伙人当中，非白人比例只有 10%。公司的办公室氛围比较安静，装修摆设也很正统，整个办公场所看起来散发着令人纸醉金迷的财富气息，有时候会让那些年轻而充满干劲的面试者感到一丝压抑和萎靡。

周五下午，麦迪逊坚石公司的合伙人通常会乘坐直升机前往度假胜地汉普顿，周日晚些时候返回，参加与交易团队的会议。如果出现紧急情况，需要周末进行沟通，那么就要在美国东部时间周六上午 9 点之前，与合伙人提前联系好，以避免影响他们个人的休息时间。每周一上午的投资委员会召开之前，联邦快递会将投资备忘录和财务模型演示手册等材料运送到合伙人手中。公司鼓励员工积极参与体育运动，并为员工提供大手笔的健身服务。公司每年还会举办两次为期三天的团队建设活动：一次是在阿斯彭组织滑雪，一次是在加勒比海组织海滩度假。给员工的节日礼物和生日蛋糕永远不会错过。麦迪逊坚石公司为员工营造了良好的工作环境，每个员工都很和蔼可亲。

作为行业几十年来的中坚力量，同时也许是业内最稳定、知名度最高的投资品牌，这家公司如今却面临着一场严峻的挑战。这家私募股权公司的几个最大投资人组成了特别委员会，要求麦迪逊坚石公司把基金交由第三方管理。也就是说，该公司的被动投资者希望公司改朝换代。面对麦迪逊坚石公司领导层之间出人意料的内斗，投资它的养老基金既感到惊讶，也十分不满。更糟糕的是，公司管理的基金的投资业绩也出现了断崖式下跌，这让投资者更加震惊。公司规模庞大且备受公众关注的一笔杠杆并购交易破产了，面对这个结果，养老基金有充分的理由相信，如果能够实施更好地监督，以及加强团队合作，这种局面完全是可以避免的。

一切的转折，都源于6个月之前，从那个时候开始，麦迪逊坚石公司三位创始合伙人之间的默契开始动摇。这三位创始人是表兄弟，每个人的年龄都在60岁以上，属于公司的共同所有人。他们住的地方距离不远，连起来可以将上东区、中城和中央公园画成一个三角。在残酷严苛的私募股权行业，外界一度将他们视为维持坚如磐石的职业纽带的典范。

所有这一切，都因为棘手的接班问题而一夜崩塌，当时，其中一位创始合伙人，拒绝修改麦迪逊坚石公司与投资者基金管理合同中的“关键员工”条款。这些条款明确规定了该公司最重要的员工，也就是如果没有这些员工，公司可能根本就无法正常运作。按照条款的规定，投资者必须紧密依靠公司的少数几个人，无论公司的规模多大，组织结构如何完备，而就麦迪逊坚石公司来说，除了这三位创始人，还需要在其中加上新的名字，以体现对一些高级合伙人的认同，后者将在三年之内逐步接手公司的管理大权。对此，其中一位创始人有不同的看法，他表示自己还没有准备退休计划。

面对如此偏执的态度，公司其他合伙人都十分震惊，在3个月之内，麦迪逊坚石公司所有最优秀的明星基金经理都选择了离开，或者是加入竞争对手，或者是开办自己的公司。他们不介意冗长的竞业禁止条款，也不介意对自己薪酬的短暂影响，因为这些合伙人每个人的身家都超过了一亿美元。他们极度讨厌升职天花板，希望能够另寻他路闯出一片新的天地。

受到麦迪逊坚石公司内部负面动态的影响，面对猎头公司发出的邀请，竞争对手的顶级投资专家纷纷表示，拒绝加入这家公司，这导致其面临的人才缺口进一步扩大。因此，麦迪逊坚石公司的投资业绩急剧下滑，这是意料之中的必然情况。随着发展前景的进一步恶化，基金投资者援引基金管理协议中的紧急条款，要求举行投票，替换麦迪逊坚石公司作为其资金管理人的角色，具体理由是该公司无法有效运转。随后在律师的监督下，各方深夜召开紧急会议，投资者最终同意，一旦找到更加合适的资产管理机构来管理该公司旗下基金已经收购的资产（并最终把这些资产清仓获利，这种情况就是所谓的投资组合的“清算”），就要解雇麦迪逊坚石公司的管理职责。麦迪逊坚石公司一度人才济济，大家积极主动勤奋工作，数十年来持续创造了优秀的投资回报，如今却一片暮气沉沉，走到了穷途末路。

麦迪逊坚石公司的创始人不得不服从命运的安排，但他们依然认为，任何同业机构都无权接管这家公司——然而，这一切早已经由不得他们控制。他们只能眼睁睁地接受最终的结局。

在这个关键节点上，该公司投资者特别委员会的一位代表，主动打电话给大基金公司的投资合伙人，邀请后者承担这一重要角色。听到对方的请求之后，这名合伙人禁不住翘起了嘴角。投资委员会特别代表介绍麦迪逊坚石公司的情况时，合伙人甚至直接笑出声来。合伙人不禁心想，这可真是家乱糟糟的公司。特别委员会认为，大基金公司是少数适合接手麦迪逊坚石公司名下基金的机构之一。合伙人表示，在向大基金公司的投资委员会报告之后，会给对方答复。最终大基金公司决定，积极参与这场竞争当中。

10 天之后，合伙人与投资者特别委员会进行当面沟通，并就过去 30 年间大基金公司与麦迪逊坚石公司的发展轨迹进行了对比。通过对比，投资者特别委员会可以清晰地看到，尽管两家机构都创立于同一年，但大基金公司的发展遥遥领先。仅就私人资本投资策略来说，大基金公司管理的资产规模已经超过麦迪逊坚石公司三倍不止。大基金公司在下列领域储备了最优秀的投资策略和管理人才，包括数据科学、信息技术、财务报告、风险管理以及环境影响等，其中很多都属于现代私募股权机构的核心竞争力。大基金公司利用其关于客户、供应商以及供需状况方面的数据库，对麦迪逊坚石公司投资组合中的每类资产进行了初步分析。大基金公司还配备了数据挖掘高管，协助分析麦迪逊坚石公司投资组合下的每家公司，对后者经营过程中影响收入、成本、资本支出和现金流的关键经营指标进行评价。在麦迪逊投资组合生态系统涉及的信贷、基础设施、房地产和衍生品等业务板块，大基金公司都有布局。通过这些扎实的基础工作，让大基金公司看起来就好像是拥有第六感一样，能够洞察到麦迪逊坚石公司无法发现的机会和风险。

更不用说，如果有需要的话，大基金公司还可以动用数十亿美元的资金，帮助麦迪逊坚石公司投资的机构实现内生增长，并完成一系列收购业务。简而言之，就是实现全方位的超越。相对大基金公司而言，麦迪逊坚石公司完全不在同一个数量级上。

合伙人继续说道，除此之外，作为一家机构，大基金公司已经采取了很多具体措施。未来的一段时间里，麦迪逊坚石公司的继任计划已经拟定，下一组管理团队已经到位。“关键员工”条款已得到及时更新，整个过程平稳有序。麦迪逊坚石公司失败的地方，正是大基金公司擅长的领域。这已经充分体现出大基金公司内部强大的凝聚力和团队领导力。

合伙人说完之后，投资者特别委员会已经很清楚，眼前的大基金公司，已经从一家从事私募股权投资传统业务的小机构，成长为一家多策略投资的行业巨头。该公司股票已经在纽约证券交易所上市交易，这让公司的透明度进一步增加，对公司的监管要求、监督执行更加立体和多元，这一切，都让类似麦迪逊坚石公司这样的机构可望而不可即。投资者特别委员会深受触动，承诺两周之内进行回复。

当投资者特别委员会打来电话，要求就大基金公司整合麦迪逊坚石公司的具体条款展开协商时，合伙人希望大基金公司的投资委员会能够审批同意，最终敲定这笔投资安排。他要求在最终条款谈判时，在规定的范围之内拥有一定的决断自由度，这样有利于双方迅速达成一致。

创始人也十分关注这笔投资，并坚信自己公司的投资专家，能够比麦迪逊坚石公司创造更多的投资价值。相关数据让他的乐观判断有据可依：即使考虑到正常情况下的不利因素，投资期限可能超过预期，最终的投资收益也足以补偿投资者为此而承担的风险。考虑到这个想法已经得到了广泛的支持，合伙人又花了几分钟时间，讨论麦迪逊坚石公司投资组合当中两笔最大的业务，分析短期内可以采取哪些改进措施。

第一笔业务涉及一家大型折扣零售机构，这家机构在美国和欧洲的主要城市都开设了门店。根据店铺位置的不同，每家零售店里的每件商品，其价格都低于一美元或者一欧元。麦迪逊坚石公司从这家零售机构的创始家族手中取得了多数股权，当时这家零售机构已经从风险投资机构那里募集了资金，随后又希望私募股权股东继续注入额外的资本，以支持其门店扩张，并拓宽产品范围。华尔街银行代表这家零售机构组织了拍卖，在这个过程中，麦迪逊坚石公司出价最高，取得了控股权，并开始谋划店铺选址，帮助机构管理层实施其雄心勃勃的扩张计划。

最初的 24 个月，一切都很顺利。但是，当麦迪逊坚石公司内部矛盾爆发，其注意力不再聚焦于这笔投资之时，失误就接二连三的出现。对于公司所赚取的每笔利润，政府提高了税收的比例，这种营业税率的调整，让公司部分最重要市场的定价策略和盈利状况受到严重冲击。这家零售机构迫切需要股东的关注，实施价格调整，压缩经营成本，并与监管者建立起更加紧密的联系。每当受邀参加工作小组会议，麦迪逊坚石公司出席的概率只有四分之一，而且经常指派工作第一年的初级员工，而不是经验丰富的专业人士参加。交易团队的合伙人只参加高级别的董事会会议，在这些会议上，所有的内容都已经成为既定事实。合伙人成了旁观者，而不是按照其接受的培训经历、工作本身的要求，如同一个专业运动员一样亲自下场参与其中。他的心思已经不在这里了。

优秀交易团队所做出的决策被推迟执行了，用于重塑品牌、重构供应商关系的新投资活动也停滞不前，对欧洲地区业务经营的访问考察更是遥遥无期。一年之后，公司的财务状况急转直下，已经完全不是暂时萎缩的问题了。最令投资者担忧的是，只要麦迪逊坚石公司仍然掌控这家公司，公司就没法走出泥潭。这家公司迫切需要能够立即深度参与改革的投资机构，由它们来向股东施加压力，为公司提供帮助，而这些工作正是私募股权的长项。机构所需要的这类支持，正是大基金公司乐于提供、适合参与的服务内容。

大基金公司有哪些优势？其管理的基金此前还从来没有投资过折扣零售商。但是，大基金公司投资过一家廉价食品零售连锁店、一家厨房用具供应商，以及一家大型报亭和便利店运营商。无论是投资哪个领域，大基金公司的交易团队都与优秀管理团队通力合作，或是寻找合适的零售地点，或是参与营销合同以及供货合同的谈判，或是研究营业税率变化所造成的影响。大基金公司在零售行业的关系网络极为深厚、广泛，在猎头公司细致的搜罗下，公司已经结合实际需要，找好了高管团队和董事会职位的合适人选。另外，大基金公司的一只房地产基金，投资了一类商业地产，被廉价零售公司租来开设门店。当然，房地产基金和私募股权基金之间，并没有越界的信息共享行为。但总体而言，大基金公司的专业投资人员对于这些领域的经营指标已经积累了很深刻的认识，包括其市场周期、租金水平、零售行业面临的压力和未来发展机会等。尽管大基金公司并没有投资过目标公司这样的业务，但它深度参与了与该业务相近的生态系统建设。

第二笔业务涉及欧洲最大的停车场运营商。第二次世界大战结束之后，一位年轻的企业家买下了防空洞和废弃仓库，创立了这家公司，由于坐落于大城市的核心地段，客户为了停车方便、安全，愿意支付较高的停车费。在经历过两家私募股权机构的管理之后，麦迪逊坚石公司收购了这家公司，如今其管理团队迫切希望把公司业务拓展到更高的水平。他们的想法是，推动公司在新兴市场进行业务扩张，理由是这些市场未来的汽车保有量将大幅增加，对更高端汽车的需求也在不断提高。麦迪逊坚石公司认同这个发展计划：对高端汽车的市场需求不断扩大，更多的消费者希望把车停在安全、宽敞的地方。公司在新兴市场上的资本投资取得了良好的效果，但作为业务核心的成熟市场的需求突然大幅下滑，这让麦迪逊坚石公司措手不及。

优步公司及同类机构的兴起，加上燃油、保险等车辆管理费用的提升，以及租赁场地的租金上涨，所有这一切，都导致公司的现金流不断恶化，而此时正是公司海外扩张急需进一步现金投入的时候。麦迪逊坚石公司乱作一团，负责这笔投资的交易合伙人，过于关注公司内部的钩心斗角，就像其他被公司剥夺了权利的失意高管一样，很快就从公司辞职了。

与折扣零售公司的情况比较类似，这家停车场运营机构渴望而又缺乏的，是其私募股权股东的关注，以及私募股权股东与公司管理层之间的互动协调。大基金公司进驻后，尽管不会让这些问题得到立竿见影的解决，但能够提出有效的解决方案，推动投资有序获利退出。好业务、棘手问题、恶化的现金流和资产负债表，这些因素加起来，共同构成了一个巨大的投资良机。

大基金公司有哪些优势呢？在这一业务领域，大基金公司的交易合伙人此前曾经在一次竞拍中出价购买这家公司，但最终输给了麦迪逊坚石公司。当然，他已经把为参加竞拍而准备的信息资料全都退到公司归档，但他依然清晰地记得当时是如何分析这个行业和这项资产的，这并不是说忘就能忘的，也不是说他再也不能重新尝试。第一次竞标失败之后，第二次参加竞标，他准备得更加充分。大基金公司此前通过私募信贷基金为电动汽车的充电设施提供了资金支持，并在这块新兴业务领域助力创投公司成功发展，因此公司对此类业务已经积累了很好的经验，对于各个燃油车平台的未来发展趋势也有很好的把握。总而言之，相比于其他竞标者，交易合伙人在这场竞赛中能够提供的信息更加充分。

在分析麦迪逊坚石公司名下的投资持股情况时，大基金公司投资委员会的专家注意到，有很多外部基金管理机构曾经试图改善麦迪逊坚石公司投资的不利形势，在这方面大基金公司并不是第一家。在投资者特别委员会试图罢免麦迪逊坚石公司的控制权之前，该公司众多投资业务当中最大的单一债务投资者，就已经开始担心这些资产逐渐恶化的趋势和暗淡的发展前景。这家债务投资者属于一家大型专业信贷投资机构名下的一只信贷基金，它认为，如果麦迪逊坚石公司不能主动调整，那么众多投资者将会违反双方签署的债务合同约定。因此，它主动要求提供帮助，并建议派出公司自身的重组专家团队，对相关问题业务进行重新梳理。麦迪逊坚石公司思考再三，最终勉强同意，因为他们知道，仅靠自身有限的资源，已经无法有效实现腾转挪移了。

这家债务投资者的帮助并没有让局面得到任何改善。当然，债务投资者已经投入了不少新资源，对麦迪逊坚石公司的资产进行了更加全面的梳理分析。但是，麦迪逊坚石公司目前所急需的，并不是书面分析，而是实实在在的投资经验。麦迪逊坚石公司需要的是从已经十分熟悉与目标公司管理层合作的私募股权公司高管那里获得经营、融资方面的专业知识，而不是更多的数据模型来分析他们已经充分意识到的问题。

大基金公司合伙人进行了集体讨论，分析其交易合伙人是否过于乐观，等到资产价格下跌再介入抢救剩余资产是否更加明智一些。他们最终同意，现在就积极涉入并掌控资产加以管理，这样更符合基金投资者的利益，也更符合大基金公司的利益——如果最终投资能够成功退出，公司可以收取 2% 的手续费和 20% 的投资利润分成。

投资委员会决定，进一步充实双方的合作协议内容，以弥补尽职调查过程中无法彻底解决的风险漏洞。举例来说，公司有些问题可能比数据指标所显示的更加严重，或者相关公司员工的配合程度，可能不像之前预期的那么顺利。针对这些问题，最好的应对举措就是，让合作协议的具体条款向大基金公司进行适度倾斜。

对投资者特别委员会来说，大基金公司属于他们的“白衣骑士”，三个月之后，麦迪逊坚石公司原管理层被扫地出门。对大基金公司负责这笔投资的合伙人来说，推动这个项目，既涉及个人自身的复仇乐趣，也涉及工作方面实实在在的利益。20 年前，在美林证券从事了为期两年的财务分析工作之后，他参加了麦迪逊坚石公司的面试，并把后者作为自己在私募股权行业的从业首选。那曾经是他理想的工作目标。但是在经过了 12 轮的面试之后，他被拒之门外。该公司人力资源团队的反馈是，他缺乏公司所需要的创造力。

随后，这名合伙人的交易团队聚集到他的办公室，讨论根据投资者特别委员会新的授权安排，开始启动这个项目的具体运作。合伙人不禁陷入了沉思，在过去的 20 年间，自己和大基金公司的同行一起，已经学会了如何比麦迪逊坚石公司更具创意，而后者却未能与时俱进、创新发展。尽管声音低沉，但交易团队的每个人都能清晰地听到他的评价：

“他们只不过是一家私募股权公司，而我们是世界第八大奇迹。”

—— * ——

从外部来看，人们很容易认为，所有私募股权公司基本上没什么两样，为投资者赚钱的方式也没什么区别。但事实上，如今这个行业的情况并非如此。最好的私募股权公司，不仅能够积累竞争优势，还能够引领行业变革。市场头部公司已经意识到，仅凭一种模式——即使规模不断增大——已无法保证他们持续赢得投资项目，扩张资产管理规模，或者加深与投资者的密切联系。这种发展模式可能一时生效，但在行业日益激烈的竞争面前，要想获胜，必须拥有更多的筹码。显而易见的是，业务模式单一的公司，不太可能建立起品牌价值，推动业务规模扩张，从而无法上市融资，即使已经上市，也无法推动股票价格进一步上涨，吸引更多投资者加入，更没有办法推动公司股票被纳入主要的股票指数。

因此，无论一家私募股权公司是如何起家的——比如，通过杠杆并购、不良资产处置等向科技、自然资源行业进行投资——最好的私募股权公司总是能够不断发展，让自己游刃有余地管理好一系列广泛多样的投资创意。与此同时，相比于名下管理的庞大资产规模，这些公司能够保持高效精简的运营结构。无论是我在这里提到的投资项目，还是前几章所介绍的投资目标，这些公司都能够对其进行不偏不倚的论证，冷静分析这些项目的风险与回报情况。对于几乎所有的业务领域，他们都能够提出解决之道。

值得注意的是，他们已经成功实现了这种转变，与此同时也没有影响公司特有的文化传统和工作模式，以及我们此前讨论过的投资成功所必须具备的经营管理特征。横向的行业招聘已经与公司合伙人制度和高管晋升安排紧密结合起来，一流的专业人才不断涌入，深度参与公司的核心业务管理，具体工作从公司首席财务官、人力资源到数据科学，都有所涉及。无论是培育新的产业机遇，还是购买另一家公司的股份，只要这些投资有价值，他们就会抓住机会积极推动，而不会执着于启动一笔全新的垂直领域投资而不顾其他。公司可以实现两位数的增长，并且每年都是如此。

虽然不能肆无忌惮地大声宣扬，但事实情况是，把私募股权机构过去的情况，以及人们对私募股权行业依然抱有的看法，与私募股权机构当前的实际情况进行对比，就如同把20世纪90年代的摩托罗拉手机与最新款的苹果手机进行对比一样。二者之间存在着根本性的差异，已经完全不可同日而语。对养老基金和其他投资于私募股权的投资者来说，他们所支持信任的私募股权机构，给他们提供了自身所无法获得或者无法施展的投资机会。此外，从这些投资机会当中，他们获得了持续的价值回报，无论这些投资具体是哪些形式，比如说杠杆并购、信贷投资、基础设施投资、基本公共事业、房地产交易、科技投资、自然资源项目投资、银行业投资、保险公司投资、生命科学领域的投资等。他们可以并购公司，剥离业务，通过实施并购或者推动内生增长促进公司扩张，将公司从公开市场私有化，从自身管理的其他基金产品那里购买某项业务，申请保证金贷款用于公司分红，在投资退出前实施资本结构再融资操作等。除此之外，还有很多其他形式。

大基金公司新积累的优势，在于其业务范围和经营方式的多样性。

与这种多样性相伴而来的，是公司业务规模的扩张。当我们稍微把视角拉远，观察私募股权投资的日常运作，就可以更加清晰地看到，这种业务多样性所带来的巨大优势，并由此质疑，是否还可以继续把这些投资公司看作“另类投资机构”。

确实，包括私募股权在内的私人资本，规模要小于被动资产管理行业，并且后者收取的管理费也要低很多（举例来说，ETF投资产品每年只收取10个基点的管理费——总体差不多是这个水平——而私募股权则是“2+20”的费率），同时，这些资管产品通常会跟踪主要的市场指数。但如今，如果还给这些公司贴上“另类投资机构”的标签，就显得有点过时了。

试想一下：行业最大的几家上市公司，总市值超过2 500亿美元，合计资产管理规模超过2.5万亿美元。它们高居行业之巅，而市场其他机构总计管理的资产规模只超过1万亿美元，远远落在它们身后。可再也不能说这些机构是小众机构了。

现实情况是，私募股权的发展速度是如此之快，如今已经成为市场主流。行业领先公司不仅规模庞大，引领市场潮流，同时也属于主动型资产管理机构。它们通过多种投资策略管理着大量资金，而这些资金最终将全部返还给退休人员。

我们甚至可以创造一个新词来概括这类机构：主流的主动型资产管理机构（Mainstream Active Asset Manager，简写为MAAM）。这些MAAM的运作，操控在少数“核心员工”手中，这些员工也被称作“关键员工”。有些机构管理着庞大的信贷和贷款业务，有些机构掌控着大型保险公司，有些机构管理着著名的房地产投资基金。除了管理的私募股权基金，它们还有很多令人感到惊叹的创新。

与被动型资产管理机构不同，流向这些 MAAM 的资金量，每年都在持续飙升。一旦资金投入，投资者就不能轻易赎回。在诸如新冠疫情或者金融危机等市场动荡期间，尽管投资资产的价值出现大幅波动，但与共同基金以及 ETF 不同的是，私募基金并不会把资产价值波动情况向投资者进行披露。它们都是耐心资本，投资之后即刻锁定。按照此前我们在本书中所讨论的投资策略，它们能够保持投资业绩的持续性。正是由于这种稳定的业绩表现，养老金系统和其他投资者对于这些私募股权投资大师的依赖，未来将会只增不减。这就是它们的优势得以不断积累的原因，也是为什么随着时间的推移，这些公司可能不仅仅被看作资产管理领域的主流存在，同时也被看作更广泛意义上的金融服务的重要内容，并且还被进一步看作宏观经济的重要支撑——总有一天，市场将把它们视为系统性的庞大金融机构。

结语

大金融时代

“我们所承担的风险，是否得到了足够的补偿？”

在投资委员会就一笔投资进行讨论的时候，这个听起来很单纯的问题，也许是最基本、最值得关注的问题。这是一个你无法绕开的问题，一个你无法视而不见的问题。如果回答错误，或者论据不充分，你就会丧失大家的信任；如果试图耍花招，你很快就会出局。上面的这两种情况我都见识过。幸运的是，更多时候，我看到的是平衡协调的回答，既有巧妙的问题回应，也有坚实的数据支撑。由此产生的影响，就是养老基金和其他投资者数十亿美元的资金，被真正运用出去，产生增值收益，并如期得到返还——当然，需要扣除“2 + 20”，或者类似的费用。

投资通常都能够获得成功，如果失败，那么相关投资专家就会竭尽全力，在一切无法挽回之前，推动投资重回正轨。这不仅涉及他们个人的职业生涯，也关系到其所在公司的市场声誉。那些优秀的私募股权机构要想赢得大家的认同和赞誉，需要具备推动一笔投资成功获利退出的能力，而不是简单地拿着别人的钱，去市场上找寻投资机会。在投资领域，聚光灯之下的舞台极为残酷无情，这才是世界本来的样子。当然，在权衡一笔投资的风险与回报时，可以容许一定的误差，因为这类投资通常属于私募性质，如果有必要的话，你可以延长投资期限，以便解决相关问题，并推动投资重回正轨，但对于严重误判的情况，市场和机构不会有太多耐心。你肯定也不希望，花 10 年时间，拿着投资者的钱四处投资，最终却几乎没有回报，甚至造成投资损失。

但如果我们换个角度问这个问题呢？如果养老金系统和其他私募股权投资者，对私募股权行业或者更广泛意义上的私人资本提出这个问题，会如何？这类投资的预期回报是否恰当？我们是否低估了风险？我们是否认可私募股权投资专家及其管理团队所做的工作，是否认可其向投资者做出信息披露的透明程度、可靠程度，是否认可其对经济重要领域中数量庞大且不断增长的大型企业的影响？收费情况如何？如今在私募股权行业，相比于某些基金的规模，其收费是否合适？对于费用扣减前的利润（毛利润）以及扣除私募股权公司费用后的利润（净利润）之间的差异，我们是否认可？我们是否了解其中的激励机制？基金管理费和附带收益①是如何挂钩的？公司的股价与其管理的基金以及这些基金的投资业绩之间，又是如何作用的？或者说这类投资的社

① 附带收益是指投资经理从超过其对合伙企业贡献部分当中抽取的个人报酬。——译者注

会效益如何？这类投资真的会涉及系统性风险吗？

对私募股权来说，上面这一系列尖锐的问题，早已经被反复质问了无数遍。将附带收益的税率与所得税率拉齐，或者至少要缩小这两类税率之间差距，这样的市场呼声也一直存在。同样的诉求，还包括呼吁限制高收益债券的利率上限，因为杠杆并购可以通过这些债务工具拉升投资业绩表现；呼吁私募股权投资专家在投资出现问题时，要提高透明度和责任感；呼吁私募股权或者任何形式的私人资本在涉入一笔投资的时候，注意做好用工保护；呼吁对于那些由私募股权支持的公司，在其养老基金的安排方面，强化资金保障；呼吁监管机构对私募股权在某个经济领域是否可以投资做出限制性规定，因为在监管机构的眼中，这类资产对市场波动过于“敏感”；呼吁监管机构对私募股权公司的管理层实施更加严格的监管；等等。

上面所提到的许多问题，已经沸沸扬扬讨论了很多年，尽管市场争论激烈，但依然看不到任何能够明确解决这些问题的方案。

显而易见的是，当你阅读私募股权领域的一些新闻报道时，你会发现对这个行业有很多误读和误解，其中也伴随着一些相对公平同时又引发社会热议的论断和评判。从外部视角来看，观察者可能很难分辨出其中的有效信息和无效噪声。

围绕私募股权投资的优缺点展开讨论，很容易走向极端，甚至可能被争论双方作为政治斗争的武器。这个行业所创造的财富规模，也会导致某些圈子在讨论时把话题带偏。各种批评的论调已经众所周知：这个行业为极少数顶层人士创造了海量财富，为被投资公司带来的利益并不总是清晰可见，商业模式过度依赖债务支持，私募股权行业运作不透明，私募股权投资交易中不关注普通员工的利益，类似这样的批评不一而足。这些观点并不新鲜，媒体已经报道过这些内容，并且时不时还会引发政界的关注。

那么，未来应该怎么做呢？答案就是：积极参与。当看到双方相互对立的观点时，很明显，需要冷静的思考和建设性的沟通。只有通过积极参与，加深理解，才能让公众进一步认识到，在我们的经济体系当中，存在渴望（或者，就养老基金而言，迫切需要）获得私募股权所创造的投资收益的投资者，存在能够有效开展这些工作并获得相应回报的机构，存在被投资的实体企业和依附于这些企业的社区，以及最终意义上的社会大众，这些主体之间彼此共生共存，密不可分。当然，这并不是说，每个人都必须喜欢或者认同这种依存关系。关键是，要认识到这种情况的存在，认可其当前已经十分庞大的市场影响，看到其未来快速发展的成长趋势。承载着各类主体的摩天巨轮，早已经正式扬帆起航了。

在我看来，尤其是对行业头部公司来说，近年来，在业务多元性、投资可持续性和信息披露等重大问题上，这些机构已经取得了有目共睹的长足进步。展望未来，很可能出现的情况是，随着公司业务的继续发展，各类主体的合作程度也会逐渐加深，投资合作路径也会不断拓宽，不仅现有的机构投资者和高净值客户会继续投资，资金充裕的各类市场主体也可以参与进来，并且如果监管机构允许的话，个人投资者也能够加入其中。私人资本的市场存在感已经十分突出，没有人可以对此视而不见。

更多地参与，将给私募股权和私人资本带来更有利的影响，这对行业头部公司来说更是如此。私募股权行业如今已经成为市场主流。越来越多的公司的资产管理规模超过了1 000亿美元，少数头部公司更是超过1万亿美元。鉴于行业资产管理规模已经如此庞大，进一步加深社会公众对私募股权的理解，不仅是未来发展的必然趋势，也是行业成长的必然要求。对投资者个人来说，了解自己的养老金在投资过程中面临或者可能面临的风险，与了解自己购买亚马逊、苹果、Alphabet（谷歌母公司）或者投资组合中任何其他股票时所面临的风险一样，二者的重要性不相上下。

我认为，作为加深公众认知的一部分，大众应该认识到私募股权投资失败的情况十分少见，私募股权公司自身失败的情况更加稀少，只要看一下，面对全球金融危机和新冠疫情的巨大冲击，私募股权投资运行的稳定性（以及盈利性）就行了。私募股权基金向投资者分配的红利，几乎总是以现金支付，它们来自已经实现的投资利润或者投资收益，而不是账面财富。这种情况年复一年，不受市场周期和公开市场波动的影响。这种情况既然能够持续，必然蕴含着底层正确的运行逻辑。

私人资本如今已经成为市场全新的大金融玩家。目前，市场利率持续走低，华尔街的传统金融机构从部分业务领域抽身而出，这为私募股权机构进一步发展提供了广阔空间。这个行业未来发展前景极具想象空间，如果能够在养老基金领域争取更大的管理份额，那么这些行业机构在退休人员资产负债表中的存在感也会进一步增强。

这是一个实施主动型投资的庞大行业。这个行业不会跟踪市场行情波动，不会追随市场指数起伏。私募股权机构持续通过各类资管策略产品募集资金，一边将投资者的资金投放下去，另一边为投资者返还投资收益。它们的客户也愿意投资多只不同的基金产品，客户对机构的信任与日俱增，追加投资的情况越发常见。它们已经建立起高速发展的业务模式，每天都在成长进步。私募股权投资能够做到常赢常新。

贯彻这套行业生态体系的关键节点，在于领导和管理这些公司的核心人员。私募股权是由人运行管理的行业，信息科技和数据科学为这个行业提供了越来越强大的发展动能，但正是在具体人员的运作下，在私募股权投资专家的操作下，私募投资才能够有效做出主动的投资决策，创造投资收益，并赚取“2 + 20”的收入。这些人的判断构成了这个行业的坚实依靠。这就是为什么我们必须更好地了解，他们是如何工作的，他们工作的动力何在，他们对投资的影响体现在哪些方面等。这也正是我在这本书里希望向读者传达的信息。

无论具体形式如何，是购买私募股权投资的目标企业的商品和服务，还是通过养老金系统投资私募股权的资管产品，或者是两者兼具，我们每个人其实都属于私募股权的客户。我真心希望，越来越多的人能够认识到，我们越发依赖于这个庞大的行业，以确保自己退休之后的财务安全，确保我们所爱的人的财务安全；越来越多的普通人将开始感兴趣，希望去深入了解私人资本到底是如何运作的，推动私人资本持续创造优异回报的具体人员有哪些，我们是如何从中获益的，未来这个行业发展前景如何，我们如何参与沟通对话，才能让这个行业变得更好。

我们都需要积极、深入了解私募股权这个行业。为什么？也许最主要的原因只有一个，那就是对所有人而言，我们自身的利益，已经与这个令人纸醉金迷的市场博弈紧紧地联系在了一起。

术语表

下面这些术语在私募行业十分常见，我在本书里也多次提及。接下来对这些术语的介绍说明，都是我自己的解释。我尽可能用浅显的文字把这些概念介绍给大家，就如同是在向朋友或者新同事介绍情况一样。

另类资产 一种特定类型的资产，相比于股票和债券等更加简单易懂的资产，另类资产的理解和估值没有那么直接明了。资产管理公司的投资专家可以发起设立另类投资产品，并主动实施投资管理。这类资产的投资回报更高，同时风险也更大。私人资本和对冲基金都属于另类资产。

资产 投资的价值载体，比如说通过投资者资金购买或者创设的金融资产（如公司向市场发行，用来募集资金的股票或债券等）。

资产管理 资产管理公司根据合同约定管理的投资者所投入

的资金。资产管理人可以把这些资金投入另类资产或者更为简单的资产，比如说股票和债券等。

资本结构　企业为了满足业务经营和发展的资金需要，对自身权益和债务进行组合管理的具体方式。企业的权益包括股权所有权以及未来现金流和利润的索取权。债务是企业通过申请贷款和发行债券而借入的资金，到期后需要偿还给借款人（通常附有利息）。如果企业破产，通常债务投资者可以优先要求偿还，剩余部分才属于权益投资者。由于债务投资者首先得到偿还，在资本结构中他们被看作“优先于”权益投资者。与此相反，如果企业价值增加，权益投资者可以分享这部分价值增值，但债务投资者通常不会。从这个角度来说，权益投资者可以分享企业的“上行空间”。

成本结构　一家公司的成本结构，决定了其业务经营过程中所要发生的成本和费用（资金支出）。通常来说，当考虑对一家公司进行投资的时候，私募股权机构都会削减不必要的成本，提高其盈利能力，这通常被称作“减肥”。

信贷基金　诸如私募股权公司等资产管理公司设立的投资基金，投资于企业发行的债务工具，比如贷款和债券。资产管理公司的投资专家对该基金进行管理，通常这类基金所投资的债务产品，普通投资者是无法直接进行投资的。一个例子就是私募贷款，资产管理公司直接为希望借入资金的公司或者企业量身打造，或其他未公开交易的贷款。在一些私募股权公司中，所有的债务投资都通过信贷基金的方式加以运作。而在其他公司，私募股权基金也会投资于债务资产，通常是不良债务资产，同时也会开展杠杆并购以及其他形式的私募股权投资业务。

债权人保护（包括“契约”） 借款人（如发行债券或者申请借款的企业）为了保护债权人（也就是借出资金的相关方）的利益而做出的一系列承诺。这些承诺的目的，是保护债权人免受借款人无法按期还本付息（如果有这种情况）的影响。这些保护措施的实施，依靠的是正式债务协议当中的“相关条款”或者法律限制性规定，这些规定对借款人的行为加以限制，以免其损害债权人的利益（比如说，限制借款人进一步举债的金额，以确保债务总额可控，或者限制企业未经债权人同意任意处置核心资产的权利等）。相关条款规定，借款人必须满足或者维持特定的财务指标（比如说，其现金流必须能够覆盖利息费用支出，或者企业总的债务负担不能超过其盈利的特定倍数等）。一旦违反这些条款，债权人就有权要求其立即还本付息。

变现（或者是“收益变现”） 把投资收益变为现金。以私募股权投资为例，如果一笔投资在其持有期间发生了价值增值，那么它确实带来了相应的财务收益，但直到这些收益变现之前，这一切都只是理论上的账面收益。一旦把这些收益转化成现金，就能够将其分配给投资者。

交易团队（以及交易合伙人） 私募股权机构或者其他资产管理机构当中，负责一笔投资交易的投资专家团队。一个交易团队，通常由具有不同投资经验的少数几个人组成。每个人都可以是多个交易团队的成员，并且通常会同时参与多个投资项目。交易团队的领导者通常是公司合伙人——公司的高级投资专家，属于公司最高的管理层级。这些合伙人有时候也被称作高级管理董事或者公司高管。

不良债务 由陷入财务困境的企业发行的贷款和债券等债务工具。举例来说，一家企业经历了一段时期的财务困难之后，无法偿还利息，甚至无法按期偿还债务，这些债务资产的价格，相对于其面值或者“票面”价值将严重缩水——也许只有其面值的60%或70%，甚至更低——其原因在于，针对问题企业的某笔投资已经出现风险。通常情况下，不良债务的投资收益要更高一些，这是为了弥补投资者所承担的更高的投资风险。私募股权基金可能会收购不良债务作为投资——举例来说，如果它认为这家公司即使面临暂时的困难，也能够生存下来，并稳健经营下去。

资金注入（比如“注资承诺”） 投资者向私募股权基金承诺投资之后，通常并不会提前向负责基金管理的私募股权机构注入资金，因为这部分资金并不会马上就被投资出去。与此相反，随着投资进程的推进，投资者会把这些资金逐步投入基金当中。投资者承诺提供资金——按照法律合同的约定——当需要投资的时候，基金会向投资者发布“注资通知”。投资者通过这种方式注入资金之后，这种承诺就是所谓的“资金注入”。

备用金 基金（比如说私募股权基金）尚未动用的资金。随着投资的推进，一只基金的备用金金额会逐步减少。

尽职调查 投资专家以及第三方咨询顾问（比如会计师、税务专家、管理咨询顾问以及律师等）所开展的工作，其目的是评估投资目标公司的资产质量，评价某个投资主题的现实可行性。

投资优势（在一笔投资中“占据优势”） 在一笔潜在投资当中，竞标者所具备的竞争能力或竞争优势。这些优势，可能是对目标公司的提前了解，或者是对其竞争对手的了解，或者是与目标公司的所有者或其管理团队建立良好的关系。竞争优势越大，竞标者在无须支付溢价的情况下战胜竞争对手的概率就越大。

启动投资 一笔投资的起点。举例来说，当一只私募股权基金收购一家公司的时候，这只基金就启动了该笔投资。

实施投资计划 投资专家开展的具体工作，按照投资工作流程和投资总体安排，推动一笔投资从一个阶段过渡到下一个阶段。举例来说，把一个投资创意变成具体投资行动，需要制订相关的投资计划，包括分析投资创意，测试投资主题可行性（含尽职调查），提出投资报价，为投资提供增信安排等。同时，还涉及更长期限的投资规划，涵盖了一笔投资自始至终的全生命周期，包括确定潜在接盘方的具体步骤等。投资专家需要保持计划实施的灵活性，以随时适应新的情况并做出调整。

投资退出 一笔投资的终点。举例来说，当私募股权所投资的一家公司最终被卖掉时，这只私募股权基金就“退出”了该笔投资。

治理权 私募股权基金在其投资的企业中所拥有的权利。这些权利的内容涵盖许多领域，从企业决策制定的具体流程，到基金可以接触到的企业信息的范围等。举例来说，在一笔杠杆并购业务中，私募股权基金收购了一家公司，该基金将有权任命这家公司部分或全部的董事会成员，包括董事会主席，可能也包括CEO。基金也有权获得公司的财务信息和经营信息，以评估投资进度和增值情况。通常来说，投资者所具备的治理权水平，与其在该企业中投资的资金规模和重要性程度紧密挂钩。

对冲基金　通常以公开市场资产和其他流动性资产作为交易标的的某种投资基金（而不是像私募股权基金那样，专注于取得某家公司的控制权，并通过私募基金进行持有）。对冲基金投资属于另类资产的一种，通过使用复杂的投资技巧创造投资回报，比如说开展衍生品投资等。通常这类基金不对个人投资者开放。各类对冲基金的具体投资风格、风险水平、预期回报等差别都很大。私募股权行业“2 +20”（以及相应的变种）的收费模式，在对冲基金行业也十分常见。

高收益债券（也就是“垃圾债”）　企业发行的一种债券，这类债券出现负面问题的潜在风险较高，比如说无法按期支付利息或者偿还本金。为了补偿这种风险，此类债券的利率通常更高一些。

指数基金　主要由股票等相对简单的资产所组成的一种投资基金，这类基金主要匹配或者跟踪金融市场指数，比如标普500指数等。无论市场行情如何变化，这类基金都将持续跟踪指数动态。由于指数基金只需跟踪指数变化，相对于私募基金，指数基金收取的费率要低很多。这种指数基金的投资理念是，从长期来看，一系列广泛而著名的市场指数，其业绩表现将优于小众股票或者私募基金等投资组合。

投资银行 在复杂的金融交易过程中，承担交易中介和咨询顾问角色的金融服务机构。举例来说，一家投资银行可以为一家成长型公司承担权益或者债务工具的发行承销工作，从而向投资者募集资金。在合并和收购等业务中，投资银行可以为公司提供相应的金融服务。许多投资银行也会直接从事股票、债券、衍生品等证券的交易活动，有些可能会开展其他业务，比如说资产管理业务等。在本书当中，当提到“华尔街银行”的时候，我们所说的就是诸如高盛和摩根士丹利等大型投资银行。在私募股权投资机构对企业进行收购、出售和再融资过程中，以及对这些企业提供债务工具发行（如高收益债）和权益工具发行（如首次公开发行）等服务的时候，这些银行及其竞争对手会为这些企业提供咨询服务。

投资委员会（在一家私募股权公司中） 由公司合伙人，以及仍然留在公司的创始人所组成的决策机构，通常会定期召开会议，批复或者驳回投资创意，讨论投资进度，评估公司管理基金的投资业绩。通常来说，一家公司的所有投资专家（各个层级）都会被邀请并参与投资委员会的会议讨论。在一些大型公司，投资委员会沟通更加频繁，比如说每周一次，海外办公室与会者需通过视频或电话方式参与会议。对私募股权基金来说，要想开展一笔投资，首先需要经过投资委员会的讨论和批准。

投资备忘录 针对一笔潜在投资项目，由投资专家汇总准备的详细资料，供投资委员会和其他组织讨论时参考。备忘录通常包括财务分析、投资的优劣势分析，以及会计师、税务专家、管理咨询顾问、律师等第三方咨询顾问的意见。备忘录是投资委员会讨论一笔投资时的焦点。一旦开展一笔投资，就会准备更详细的备忘录，以便实时更新其最新投资情况，并为最终的出售离场做好铺垫。

投资结构 实施一笔投资的具体方式，包括将要购买或者投资的目标对象，投资者的资金在资本结构当中的具体投向（比如说，投资于公司权益或者债务产品，或者两者兼具），这笔投资附带的治理权，以及其税务结构（比如说，当向投资者进行红利分配时，可能适用的税率）。一笔投资的主要特点，就体现在投资结构当中。

关键员工 对一家私募股权公司的投资决策能力和经营管理业绩起到关键作用的员工。没有这些人，一家私募股权机构可能被禁止对其管理的基金做出关键投资决策，比如说发起新的投资等。这种理念是基于私募股权行业是以人为本的行业，投资者只会支持那些能够真正代表自己，做好公司经营管理的最重要的角色。投资者和基金之间签署的法律合同通常会包含这样的条款，也就是所谓的关键员工条款（历史上也被称作"关键人"条款），通过这种方式对投资者进行保护。通常来说，关键员工包括没有离开公司的创始人，以及少数最重要的高级合伙人。如果关键员工离职，那么公司可以更新关键员工条款，让新人代替原有的关键员工——当然这要取得投资者的同意才行。通过这种方式，投资者可以决定，是否还要把资金托付给这些人来管理。

借款银行 向企业或者个人发放贷款的商业银行。

杠杆 企业可以借债为其经营管理提供资金支持，投资者（或者代表他们的私募股权公司）可以借债放大自己的投资购买力，并增加投资收益。私募股权可以利用债务为投资者提高投资业绩。

杠杆并购 由诸如私募股权基金通过部分使用债务来为交易提供资金，对目标企业实施并购。通常来说，并购所需的资金，过半（甚至经常超过70%）都属于债务资金，其余资金来自基金投资者的投入。杠杆并购属于私募股权基金并购目标企业的典型方式，并购之后，就会通过投资组合管理改善目标企业经营管理，最终卖出获利。

重大不利变化 某种情况发生改变后，会严重影响或者降低一家企业的价值，而这家企业正是（比如说）一只私募股权基金已同意收购的资产。在基金与目标公司（或者其卖家）签署的法律协议当中，可能会包含重大不利变化相关条款，允许双方在交易完成之前中止合作。与此类似，基金与华尔街银行之间签署的法律协议，约定由后者发行高收益债提供融资，其中的条款也可能涉及重大不利变化相关规定，约定出现这种情况时银行可以中止提供融资。通常来说，根据重大不利变化条款的规定，签署协议的交易双方，会因此而免受不可预见的重大不利事件的风险影响，这些影响属于长期性的，或者至少要持续一段时间，而不能是短期波动。通常，关于重大不利变化条款的争议，很容易成为相关各方法律诉讼的焦点内容。

有利可图的投资 当一笔投资被视为“有利可图”的时候，

这也就意味着，所投入的资金将能够及时收回，这笔投资（或者结束的时候）将至少不会出现贬损（还可能会伴随着相应的投资回报）。

实体公司（也被称作经营公司或者实体企业） 一家正积极向客户销售产品或者服务的公司。实体公司不同于休眠公司（已经关闭的公司）或者控股公司（其作用是控制其他公司）。当讨论一只私募股权基金收购一家公司的时候，我们所说的是一家正在经营的实体公司。

订单（同“收入订单”） 对一家企业来说，客户订购其产品或服务，这些业务活动所涉及的相关单据就是其订单。通过订单，我们可以预估一家公司未来的收入情况——假定这些订单不会取消，将有效履行，客户按期付款。订单数量的增长，表示客户需求正在增加，而订单数量减少，则表示客户需求正在萎缩。订单相当于企业未来潜在收入的早期参考指标，如果市场需求下滑，也可以把订单状况作为预警指标。

被动投资（相比于主动资产管理而言） 在被动投资的投资组合中，买入和卖出的操作相对少。与此相反，主动投资需要积极介入，通常像私募股权公司这类资产管理机构会采取这样的操作。被动投资通常会本着买入并持有的投资理念，买入指数基金、共同基金或者 ETF。秉持被动投资理念的投资者，希望通过长期耐心持有，分享公司利润和现金流的发展成果，同时也接受金融市场可能剧烈波动的风险，但他们认为市场终将有效回归。与此相反，主动投资既需要依据投资决策者的主观判断，比如说什么时候实施买入、卖出操作，依赖于这些决策者对投资对象的分析质量和分析深度。对投资者来说，相比于主动投资，被动投资的成本要低得多，因为后者无须投资专家专门选择要买入的企业，同时对这类投资的监管也少得多。如果在比较短的时间内，被动投资比某个主动投资创造了更加优异的投资回报，尽管对投资者来说，前者收费更低，我们依然有充分的理由怀疑，这位主动投资管理人员的管理水平不及预期。

永续资本（或者永久资本） 这是一种投资方式，在这种投资方式下，投入的资金理论上可以无限期使用。与私募股权基金不同，投资者投入的资金只能在有限的时间，比如说10年内加以使用，并且随着时间的推移，资金量将不断变少，而对永续资本而言，一旦资金募集完成，其具体运用将不受时间限制。永续资本这种“持续有效”的特征，打破了私募股权基金需要重复募集资金的烦琐循环，基金公司无须每隔几年就向投资者返还资金并再次募集。当然，一旦永续资本募集完毕，私募股权公司就可以收取管理费，并把资金投资下去，至少理论上如此。

投资组合管理 针对一笔投资所开展的工作，比如说私募股权基金想通过杠杆并购获得一家企业，具体实施者由投资专家与公司高管团队共同完成，目的是推动目标企业的保值增值。成功的投资组合管理，可以帮助增加企业利润，并让企业价值增长。

私人资本 对于无法像股票和债券一样可以公开交易的投资产品的统称。私人资本包括私募股权以及本书提到的其他投资策略，比如说信贷投资、房地产投资和基础设施投资等。相比于公开市场投资，这些投资难以迅速变现，通常更加复杂、风险更高。由于这些因素的影响，相比于公开市场投资，长期而言，私人资本投资的投资回报更高、更可持续，而前者价值的波动性要更大（至少如此，这也是这类资产的投资风格）。当这类投资失败或者表现不及预期的时候，这类投资的缺点在于，流动性更差，且相比于简单购买和持有一篮子绩优股而言，其投资回报要低一些。对投资者而言，私人资本投资的成本更高，因为主动管理这类资产的资产管理公司需要就此收取相关的费用。

私募股权 对企业的投资，其目的是改善企业经营状况，最终实现获利退出。这类投资通常通过私募基金，或者私募股权公司设立的其他结构来进行。私募股权通常需要通过基金进行投资，获取目标企业的控制权，或者对其实施重大影响。私募股权投资的具体实施，通常涉及取得一家公司的部分或者全部股权，同时也会采取其他方式，比如说面对一家暂时陷入财务困境的优秀企业，购买其不良债务资产。

投资变现 例如，在私募股权基金中，向投资者支付的款项。投资变现的来源，包括一笔投资或者多笔投资所带来的收入或者资本利得。在投资期内，总的投资变现额度等于向投资者支付的资金总额，包括投资期内的资金分配，加上出售给第三方之后获得的资本利得收入。

影子银行 是一类金融服务机构的统称，此类机构提供了与传统银行类似的金融服务，但不能吸收存款，也不像传统银行那样受到同样的监管。由于私募股权公司从事信贷投资业务，比如说直接为那些想要借钱的公司提供贷款支持，人们通常把这类机构称作影子银行。

特殊目的并购公司（SPAC） 其成立是为了通过 IPO 等方式向投资者募集资金，募资的唯一目的是希望收购或者并购现有的某家目标公司。这类机构披着“空白支票”的外壳，拿着投资者的资金，要在限定时间内（比如说两年）完成某笔交易，否则就要向投资者返还投资本金。对私募股权公司来说，SPAC 是其实施投资行为，投资变现退出的另外一种方式。

投资目标 被视作潜在投资对象的一家公司或者一项资产。通常来说，一家私募股权公司所考虑的投资目标，是其部分或全部股权能够被公司管理的私募股权基金所收购。私募股权基金也可以把公司发行的债务作为投资目标，而无须购买其股权。

2 +20 私募股权行业典型的收费模式。私募股权公司会同时向投资者收取管理费和投资利润分成。管理费通常是每年按照管理资产总额的 2% 收取。投资利润分成也称业绩激励，通常是投资收益的 20% 。通常来说，只有当投资收益达到一定的标准之后，投资者才会支付投资利润分成。举例来说，如果一笔投资年收益率为 8% ，那么这笔投资收益的 20% 都要作为业绩激励支付给管理人，而如果年收益率不足 8% ，则无须支付。

价值创造 增加一笔投资的价值。举例来说，对投资一家企业的私募股权公司来说，改善这家企业的业绩，提高其盈利能力，就会让新的买家愿意支付更高的买价。

储备（或者“储备资产”） 资产管理公司设立的，用于临时持有一笔投资（比如说一家公司的股权）的结构，此后会把这笔投资转移到另外的结构中，以持有更长的时间。举例来说，一家私募股权公司正试图抓住一个不错的投资机会，但公司名下持有的基金，都不适合开展这笔投资，此时该投资公司就可以设计特殊的定制化方案，借助投资者的资金，暂时持有这笔投资一段时间。这笔交易完成几个月之后，公司可以把这笔投资转入更长期限的投资结构中，比如说一只新成立的，期限在 10 年以上的私募股权基金。在向私募股权基金转移的这段时间，此前没有投入资金的新投资者，也可以一并加入进来。

致谢

非常感谢家人对我的支持。创作本书的灵感源于我的父亲，我要把本书献给他。很多朋友、同事、业内导师都分享了他们宝贵的投资见解，对此我深表感谢。弗莱彻公司的埃里克·卢珀夫能力突出，他是我的经纪人，企鹅兰登书屋皇冠出版社的保罗·惠特拉奇才华横溢，他是本书的编辑。两人一开始就对本书抱有十足的信心，在本书写作过程中，他们积极反馈意见，提出明智建议，对细节内容追根究底，同时又对我保持包容。没有他们的帮助，就没有本书的面世。同时，我还要感谢企鹅兰登书屋的编辑团队，包括凯蒂·贝瑞、埃文·坎菲尔德、科泽塔·史密斯、迪亚娜·梅西纳、尚特尔·沃克、朱莉·塞普勒、克里斯·布兰德、萨莉·富兰克林、艾莉·福克斯、米歇尔·朱塞菲、戴维·德雷克、吉莉安·布莱克和安斯利·罗斯纳。